中等职业教育国家级示范学校特色教材

2014年职业教育国家级教学成果奖候选项目教材

汽车品质检测

主　编　周学斌

副主编　李　纯　　童珍珍

華中科技大學出版社

http://www.hustp.com

中国·武汉

图书在版编目(CIP)数据

汽车品质检测/周学斌主编. —武汉:华中科技大学出版社,2014.7
中等职业教育国家级示范学校特色教材
ISBN 978-7-5680-0260-8

Ⅰ.①汽…　Ⅱ.①周…　Ⅲ.①汽车-性能检测-中等专业学校-教材　Ⅳ.①U472.9

中国版本图书馆 CIP 数据核字(2014)第 155109 号

汽车品质检测　　　　周学斌　主编

策划编辑:王红梅
责任编辑:余　涛
封面设计:三　禾
责任校对:祝　菲
责任监印:周治超
出版发行:华中科技大学出版社(中国·武汉)
　　　　　武昌喻家山　　邮编:430074　　电话:(027)81321915
录　　排:武汉市洪山区佳年华文印部
印　　刷:武汉鑫昶文化有限公司
开　　本:787mm×1092mm　1/16
印　　张:11
字　　数:279 千字
版　　次:2015 年 1 月第 1 版第 1 次印刷
定　　价:25.80 元

本书若有印装质量问题,请向出版社营销中心调换
全国免费服务热线:400-6679-118　竭诚为您服务

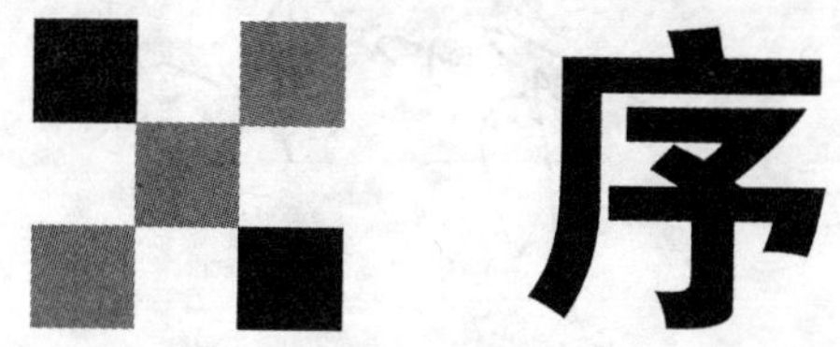

序

2010年，教育部、人力资源和社会保障部、财政部三部委印发《关于实施国家中等职业教育改革发展示范学校建设计划的意见》(教职成〔2010〕9号)，决定从2010年到2013年组织实施国家中等职业教育改革发展示范学校建设计划，形成1000所发挥引领、骨干、辐射作用的示范性中职学校，带动中等职业学校加快发展、提高质量、办出特色。

武汉市第一轻工业学校经国家三部委遴选，成为国家中等职业教育改革发展示范建设学校，并于2012年6月正式启动建设工作。学校围绕改革办学模式、改革培养模式、改革教学模式、创新教育内容、加强教师队伍建设、完善内部管理、改革评价模式等七大任务，扎实开展职业教育理论研究，大胆探索实践，取得了一系列建设成果。

武汉市第一轻工业学校汽车运用与维修专业有幸成为国家中等职业教育改革发展示范重点建设专业，通过与汽车行业企业进行多层次合作，构建、创新并实施了“校企合作、工学结合、双证融通”的人才培养模式；构建了基于工作过程的课程体系；探索基于准企业化管理环境下，以完成工作任务为目标，以企业管理与工作要求为考核标准，以“任务决策P→任务实施D→任务检查C→任务评估A”为主要流程的“PDCA”实践教学模式改革。学校在“校企合作、工学结合、双证融通”的人才培养模式和“PDCA”实践教学模式改革实践基础上，组织职教名师、骨干教师及长期工作在行业企业一线具有丰富经验的专家，共同编写了汽车运用与维修专业一套 12 本教材，比较全面地反映出汽车运用与维修专业多年来的建设成效。本套教材的开发，因其工学结合特色鲜明，被湖北省教育厅推荐为 2014 年职业教育国家级教学成果奖候选项目教材。

真诚希望这套教材能为其他中职学校提供参考和借鉴。

2014 年 5 月

前言

《汽车品质检测》是"武汉市第一轻工业学校国家级示范校建设"项目成果教材，本着"以能力为本位，以就业为导向，坚持四个对接"的课程改革思路，按照项目教学方式编排课程体系。

《汽车品质检测》是汽车运用与维修专业机电维修专门化方向课程教材。主要内容包括汽车品质概述、X-431解码器识别、发动机综合性能检测仪识别、四轮定位仪识别等四个项目。

每个项目都是由"项目情景"引入，而后由若干个工作任务组成，每个工作任务都有"任务描述""任务目标" "任务分析""任务实施""任务评价""相关知识"和"任务拓展"；每个项目完成之后还设计了"项目小结"和"综合测试"。

工作任务的设计以现代汽车企业维修电工的典型工作任务为载体，兼顾汽车技术的先进性、通用性。

"任务实施"部分配有详细的图解式操作步骤，图文对照，力求符合中职学生的能力水平、认知特点和教学需要。

《汽车品质检测》可作为中等职业学校汽车运用与维修专业教材，也可作为汽车运用与维修人员的阅读教材。

编　者

2014年7月

目 录

汽车品质概述

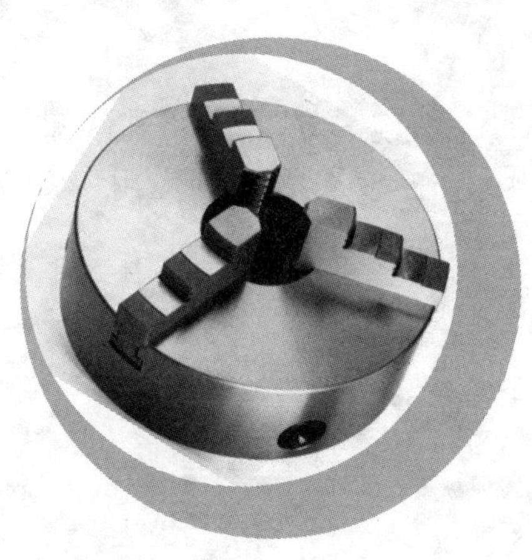

项目情景

汽车品质从产品品质到服务品质，再到品牌品质，演绎了汽车品质的“三部曲”，也对“品质”赋予了全新的内涵。在当前新产品层出不穷、同质化竞争日益严重的中国车市，驱动产业重心向“品质”转移，尤其是向服务品质、品牌品质转型，对于中国汽车产业本身的转型升级具有深远的意义。图 1-0 为品质保障图。

图 1-0　品质保障图

工作任务

任务一　汽车品质认知

任务二　OBD 应用

任务一

汽车品质认知

任务描述

汽车品质从广义上说就是汽车为达到其使用目的而必须具备的性质，即汽车的“作用”“功效”和“机能”。实际上品质不只是产品的品质，还包括生产的质量、售后服务的质量等。

让用户满意的全部条件总称为市场品质。图 1-1 为汽车品质简图。

图 1-1　汽车品质简图

任务目标

(1) 了解品质的种类。

(2) 明白品质的重要性。

(3) 熟悉品质管理的基础知识。

任务分析

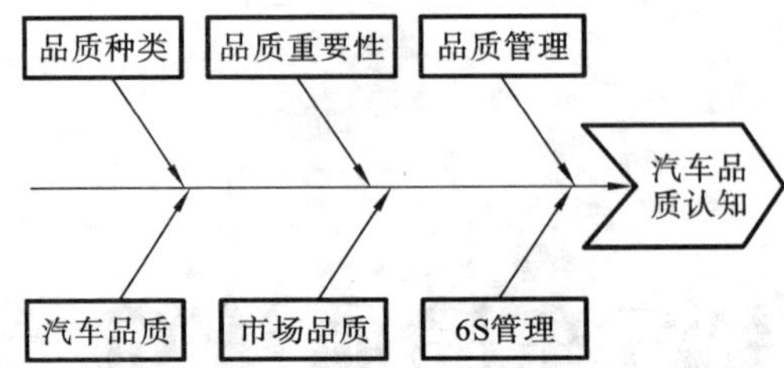

任务实施

实施一　任务准备

（1）工具材料、车身、焊机等。

（2）汽车装焊实训室。

（3）清洁工具。

实施二　任务实施

（1）在车身(见图 1-2)上找出装焊车间的品质种类(每项只写一个)，并按照装焊顺序填写记录。

1. ____________　2. ____________　3. ____________

4. ____________　5. ____________

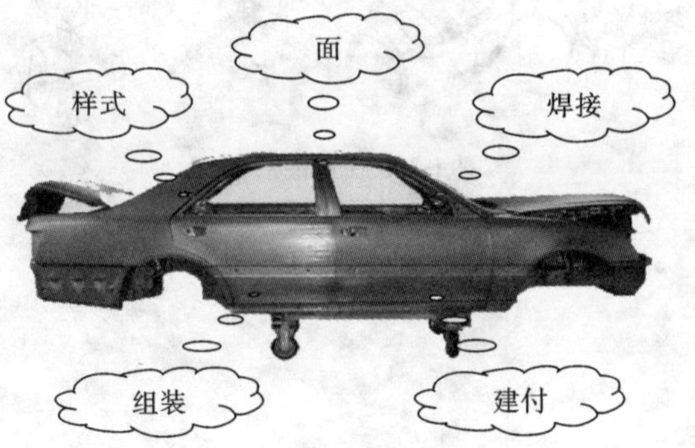

图 1-2　车身图

（2）判断下面说法是否准确。

① 关于样式。对于客户的不同要求，车辆在生产过程中有车型的区分，我们利用生产指示进行区分。依照生产指示，将所需部品一件不漏地组装在正确的位置，然后进行确认。

部品漏装、错装，就会造成总装车间的部品无法安装。

② 关于组装。确认部品在被正确摆放的同时，进行组装。部品摆放后必须进行确认。

组装不良，会造成组装的部品无法安装，导致外观不好，从而影响品质。如果不能够返修，会造成产品的报废。

③ 关于焊接。组装完毕后，利用焊接工具对工件进行焊接作业。焊接作业后，必须进行目视检查，确认是否存在焊接不良。焊接不良就会造成车内异声、漏水、刚度不足等缺陷。

④ 关于面。外板件最容易被磕伤，一定要小心拿放。为保证部品不变形，在拿取部品时，必须拿取部品规定的位置。面不良会导致外观的美观性下降，如作为商品会变得不好卖。

⑤ 关于建付。根据规格要求安装，作业者要有较强的责任心去进行确认。使用简易验具能够正确且迅速地进行品质确认。建付不好会造成风哨声、漏雨、车门关闭不良等。

实施三　任务检测

（1）填写下表。

表 1-1 所示的为（　　）重点管理项目。

表 1-1

记号	管理项目	管理特性	主要部品、部位
S（倒三角）	重要保安部位（SAFETY）易引起人身事故/车辆火灾的部位	※焊接强度的保证（点焊接、CO_2 焊接） ※拧紧强度的保证（扭矩）	* 座席安装部分 * 安全带安装部分 * 刹车油管 BKT 部位
FH	车辆火灾（FIRE HAZAED）	※焊接点部分的毛刺（配线破损）	* 前柱内板配线部分 * 仪表内侧配线部分 * 地板内侧配线部分等
指	雨漏部位	※车辆构造上雨水容易进入的部位（孔变形、针孔、建付不良）	* U/B(D/S. F/F. U/R) * S/M(W/H. 注油口) * 前窗台、后备箱等
雨	交通部指定项目	※从交通部来的委托项目	* F/F 横梁 NO. 的打刻和拓本的管理

（2）遵守标准的原因。

实施四 任务评价

任务评价表

班级： 组别： 姓名：

<table>
<tr><td rowspan="2">项目</td><td rowspan="2">评价内容
（请在对应条目的○内打“√”或“×”，不能确定的条目不填，可以在小组评价时让本组同学讨论并写出结论）</td><td colspan="3">评价等级（学生自评）</td></tr>
<tr><td>A
全部为
√</td><td>B
有一至
三个×</td><td>C
有多于
三个×</td></tr>
<tr><td rowspan="3">关键能力自评</td><td>○按时到场　学习期间不使用手机、不玩游戏○
○工装齐备　未经老师批准不中途离场○
○书、本、笔齐全　无违规操作○
○不追逐打闹　无早退○
○接受任务分配　先擦净手再填写工作页○
○不干扰他人工作</td><td></td><td></td><td></td></tr>
<tr><td>○工作服保持干净　无安全事故发生○
○私人物品妥善保管　使用后保持工具整齐干净○
○工作地面无脏污　能及时纠正他人危险作业○
○工作台始终整洁　废弃物主动放入相应回收箱○
○无浪费现象　未损坏工具、量具及设备○
○参与了实际操作</td><td></td><td></td><td></td></tr>
<tr><td>○课前有主动预习　本小组工作任务能按时完成○
○与本组同学关系融洽　主动回答老师提问○
○积极参与小组讨论　能独立规范操作○
○接受组长任务分配　能主动帮助其他同学○
○能独立查阅资料　不戴饰物，发型合规○
○工装穿戴符合要求</td><td></td><td></td><td></td></tr>
<tr><td>专业能力自评</td><td>○能按时完成工作任务　能独立完成工作页○
○工量具选用准确　没有失手坠落物品○
○无不规范操作　指出过他人的不规范操作○
○完成学习任务不超时　暂时无任务时不无所事事○
○学习资料携带齐备　工作质量合格无返工○</td><td></td><td></td><td></td></tr>
<tr><td>小组评语及建议</td><td>他（她）做到了：

他（她）的不足：

给他（她）的建议：</td><td colspan="3">组长签名：

年　月　日</td></tr>
<tr><td>教师评价及建议</td><td></td><td colspan="3">评价等级：

教师签名：

年　月　日</td></tr>
</table>

相关知识

知识一　品质概述

1. 品质定义

品质从广义上说就是物品为达到其使用目的而必须具备的性质，即物品的“作用”“功效”和“机能”。品质定义就是物品应该具有的100%的功能。实际上品质不只是产品的品质，还包括生产的质量、售后服务的质量等。让用户满意的全部条件总称为市场品质（见图1-3）。

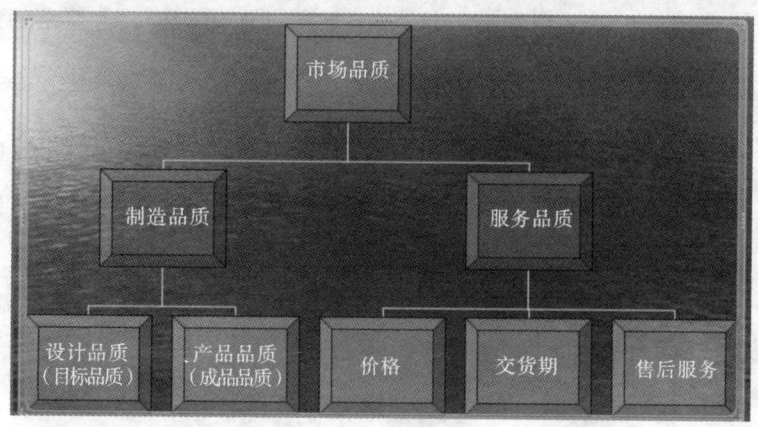

图1-3　市场品质图

2. 品质的种类

设计品质：色彩和部品均应与车辆相匹配，并保证容易制造。

制造品质：工序采用与基准相符合的精工细作方法。

出厂品质：出厂时的外观效果。

使用品质：对客户来说，是既方便乘坐又舒适。

社会品质：贡献的是与社会要求相吻合的。

3. 品质的重要性

品质就是信用：客户买的就是公司的信用。

品质就是安全：产品存在品质问题就可能引起危害生命、财产的事故，后果是无法挽回的。

品质就是成本：品质提高就能反映成本的降低。

品质就是利润：有了上述三点，很自然的就能够为企业带来利润。

品质就是生命：从公司方面来看，1万件产品里只有1件不良品，虽然是0.01%的问题，但对顾客来说则是100%的问题。

对员工来讲:品质是企业的生命,品质关系着我们的生活。

知识二 品质管理基本术语

1. 产品

产品是过程的结果。公认的产品类别有四种:硬件(如发动机、机械零件)、软件(如计算机程序)、服务(如运输)、流程性材料(如润滑油)。

通常,硬件和流程性材料是有形产品,而软件和服务是无形产品。

2. 质量(quality)

这是指产品体系或过程的一组固有特性,以满足顾客和其他相关方要求的能力。

3. 要求(requirement)

这是指明示的、习惯上隐含的或必须履行的需求或期望。

4. 体系或系统(system)

这是指相互关联或相互作用的一组要素。

5. 质量管理体系(quality management system)

这是指建立质量方针和质量目标并实现这些目标的体系。

6. 质量方针(quality polity)

这是指由最高管理者正式发布的与质量有关的组织总的意图和方向。

7. 质量目标(quality objective)

这是指与质量有关的,所追求或作为目的的事物。

8. 质量控制(quality control)

这是指质量管理中致力于达到质量要求的部分。

9. 顾客(customer)

这是指接收产品的组织或个人,如消费者、客户、最终使用者、零售商、受益者和采购方。

10. 供方(supplier)

这是指提供产品的组织或个人,如制造商、批发商、产品的零售商或商贩、服务或信息的提供方。

知识三　品质管理发展历史

年代	管理层面	观念层面	制度层面
1900年代	作业员的品质控制 领班的品质控制	品质是“检查”出来的	品检（QI）
1920年代	检验员的品质控制		
1940年代	统计的品质控制 品质保证	品质是“制造”出来的	品管（QC）
1960年代	全面品质控制	品质是“设计”出来的 品质是“管理”出来的	品保（QA） 全面品管（TQC）
1980年代	全面品质管理	品质是“习惯”出来的	全面品管（TQM）
1990年代	Six Sigma的品质	品质是“领导”出来的	Six Sigma管理

知识四　品质意识

1. 对品质的一些认识

● 品质是检验出来的。

错！品质是做出来的而不是检验出来的。检验只是事后把关，产品是由作业员一个一个做出来的，他们对每一个产品不但进行生产，还要进行判定。

● 品质是很抽象的东西，需要很高深的知识才可以掌握。

错！品质随时随地可见，如生活质量（吃、穿、住、用）、工作质量（效果、速度、方法）、产品质量（尺寸、性能、外观）等。它们可用好、差，或合格、不合格等来形容。

品质就在我们的身边，就在我们生活、工作当中，并在我们做的每一件事情里面得到体现，在我们做的每一个产品里得到体现。

● 这一点小问题，没关系的。

错！比如说，做一个产品，我的上一道工序有一点小问题，没关系，到我这，也出现一点小问题，也没关系，到下一道，又有一点小问题，还是没关系，最后下来，该产品存在着很多的小问题，就不再是小问题了，它就成了大问题。

一个问题的解决，首先是要寻找问题的原因，问题的原因往往很多，因为存在着很多小问题，那问题的解决就得从解决这些小问题开始，一个一个突破，最终得到完全解决。

所以，小问题不容忽视。在日常工作中，一旦发生问题，即使是小问题，我们都应当立即将其消除，绝不能忽略和拖延！如果我们把每一件事都做好，每个小问题都得以解决，那就不会产生什么大问题和长期问题，我们的工作就能做好。

● 以前也是这样，没关系的。

在工作中，凡是能解决和改善的问题，我们都应当努力去解决和改善，而不是安于现状，止步不前。即使以前也是这样，能行得通，但现在找到了解决或改进的方法，就要积极地去解决或改善。

2. 转变观念

想法改变,意识就改变;
意识改变,行为就改变;
行为改变,习惯就改变;
习惯改变,人格就改变;
人格改变,命运就改变。

知识五 品质管理常用图表

品质管理常用图表有特性要因图、柏拉图、查检表、直方图、分布图、控制图等,如图 1-4 所示。

- 特性要因图:用于原因分析,根据人、机、料、法、环境、管理 6 个方面,利用头脑风暴法进行分析。
- 柏拉图:针对所有问题,找出重要的问题。
- 查检表:搜集数据,进行整理统计。
- 直方图:观察统计数据的排布。
- 流程图:进行流程分析,找到流程缺陷。
- 分布图:对两个因子进行实验,分析其相关性。
- 控制图:对过程进行监控。

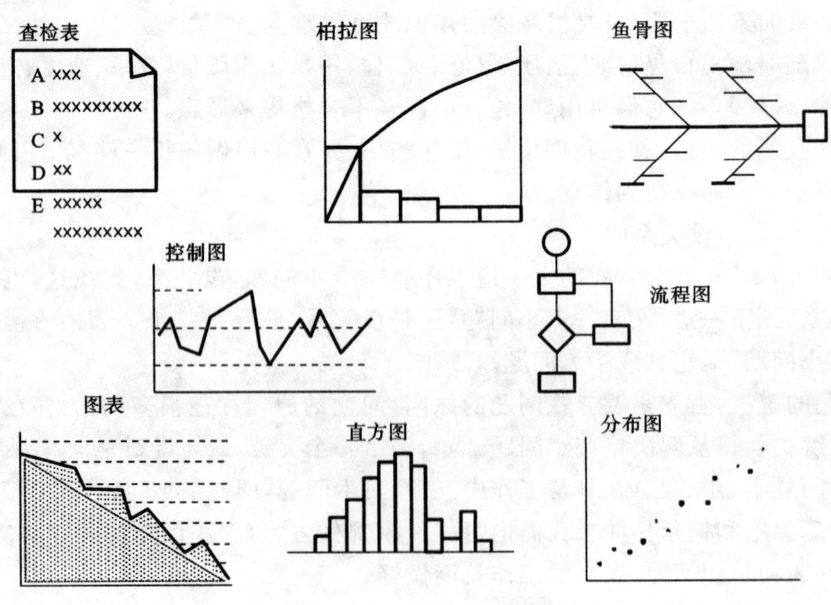

图 1-4 品质管理常用图表

知识六　解决问题的思维

第一步:确定和定义问题。

- 在诸多面临的问题中,最大的问题是什么?
- 这个问题对目前的工作有何影响?
- 问题严重到什么程度?
- 解决这个问题的可能性有多大?

第二步:描述问题。

- 用"…什么事出问题…"来识别目标。

—追根究底的开始。

—保持注意力。

—每次一个问题。

重复"为什么",直到知道原因。

重复"为什么"(1/2)

- 案例:设备停机

—"为什么停机"。

—"保险丝断了"。

—纠正措施:更换保险丝。

—问题解决了吗?

—…

重复"为什么"(2/2)

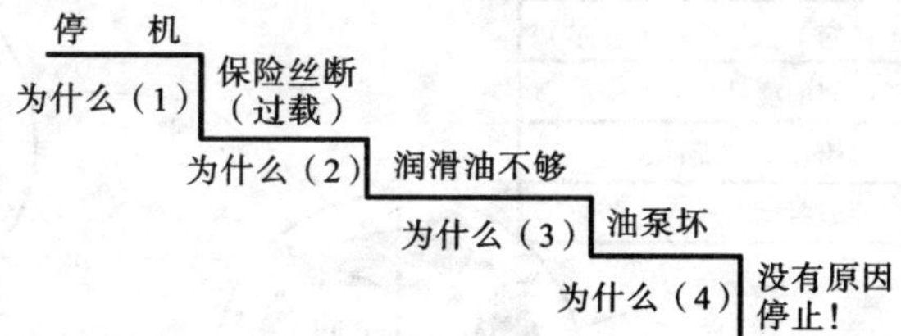

问题描述:油泵坏了。

丰田汽车公司前副社长大野耐一曾举了一个找出停机真正原因的例子

有一次,大野耐一发现生产线上的机器总是停转,虽然修过多次但仍不见好转。于是,大野耐一与工人进行了以下对话。

大野耐一问:"为什么机器停了?"

工人答:"因为超过了负荷,保险丝就断了。"

大野耐一问:"为什么超负荷呢?"

工人答："因为轴承的润滑不够。"

大野耐一问："为什么润滑不够？"

工人答："因为润滑泵吸不上油来。"

大野耐一问："为什么吸不上油来？"

工人答："因为油泵轴磨损、松动了。"

大野耐一问："为什么磨损了呢？"

工人再答："因为没有安装过滤器，混进了铁屑等杂质。"

经过连续五次不停地问"为什么"，才找到问题的真正原因和解决的方法，在油泵轴上安装过滤器。

如果我们没有这种追根究底的精神，很可能只是换根保险丝草草了事，但真正的问题还是没有解决。

连问五次"为什么"并非什么妙法，不过一再追问为什么，就可以避免表面现象，而深入找到系统发生故障的根本原因，也可避免发生其他问题。所以若能解决问题的根本原因，许多相关的问题就会迎刃而解。

一件没有预料的事情可能引起故障，一个长久被忽视的问题可能导致一次危机。

——明茨伯格(加拿大管理学家)

任务拓展

拓展一　PDCA循环

PDCA循环又叫戴明环(见图1-5)，是美国质量管理专家戴明博士首先提出的，它是全面质量管理所应遵循的科学程序。全面质量管理活动的全部过程，就是质量计划的制订和组织实现的过程，这个过程就是按照PDCA循环，不停顿地周而复始地运转的。

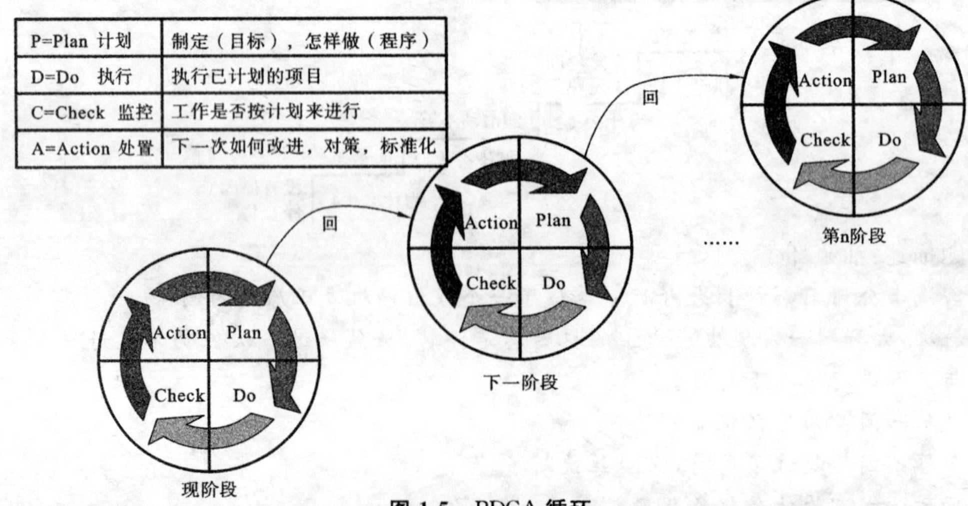

图1-5　PDCA循环

拓展二　ISO

ISO 是 International Organization for Standardization 的英语简称(并非缩写),翻译成中文就是“国际标准化组织”。它于 1947 年正式运行,是非政府性组织。

ISO 宣称它的宗旨是“在世界范围内促进标准化工作的发展,以利于国际物质交流和互助,并扩大知识、科学、技术和经济方面的合作”。

ISO 已经发布了 9200 个国际标准(包括产品与体系标准),如 ISO 公制螺纹、ISO 的 A4 纸张尺寸、ISO 的集装箱系列(目前世界上 95%的海运集装箱都符合 ISO 标准)、ISO 的胶片速度代码、ISO 的开放系统互联(OS2)系列(广泛用于信息技术领域)和有名的 ISO9000 质量管理系列标准。

拓展三　质量管理八项基本原则

- 原则一——以顾客为中心。

所有组织都有赖于顾客 ,因而组织必须了解顾客现有及将来的需要,满足顾客要求,并努力超过顾客的期望。

- 原则二——领导。

组织的领导者应建立和明确本组织的目的和方向,并将两者有机地结合起来。领导者应创造一种内部环境,使员工积极参与各项管理活动, 从而达到组织的目标。

- 原则三——员工参与。

各级员工是组织的基础,只有员工的充分参与,其才干才能为组织带来最大的收益。

- 原则四——过程方法。

将有关的资源和活动当作一个过程来管理,更加有效地帮助组织达到预期的结果。

- 原则五——管理的系统方法。

在一个既定的目标下,明确、理解和管理一个由相互作用的过程所组成的体系,有助于提高组织的有效性和效率。

- 原则六——持续改进。

持续改进应是组织的永久目标。

- 原则七——事实决策方法。

对数据和信息的逻辑分析或直觉判断是有效的决策基础。

- 原则八——与供应商的互利互惠的关系。

一个组织与其供应商既相互独立又相互作用,建立互惠互利的关系将增强双方创造价值的能力。

任务二

OBD 应用

任务描述

OBD 是英文 On-Board Diagnostic 的缩写，中文翻译为“车载诊断系统”。这个系统随时监控发动机的运行状况和尾气后处理系统的工作状态，一旦发现有可能引起排放超标的情况，会马上发出警示。当系统出现故障时，故障(MIL)灯或检查发动机(Check Engine)警告灯亮，同时 OBD 系统会将故障信息存入存储器，通过标准的诊断仪器和诊断接口可以以故障码的形式读取相关信息。根据故障码的提示，维修人员能迅速准确地确定故障的性质和部位。图1-6所示的为 OBD 诊断接头图。

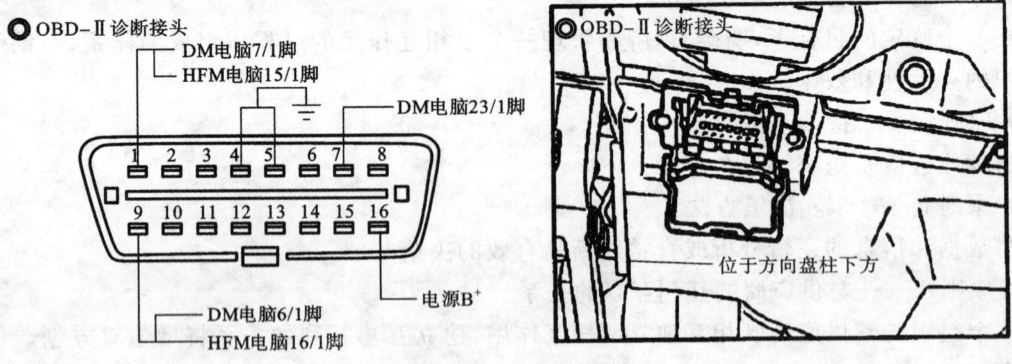

图 1-6　OBD 诊断接头图

任务目标

(1) 了解 OBD 的含义。

(2) 熟悉地址码的特性。

任务分析

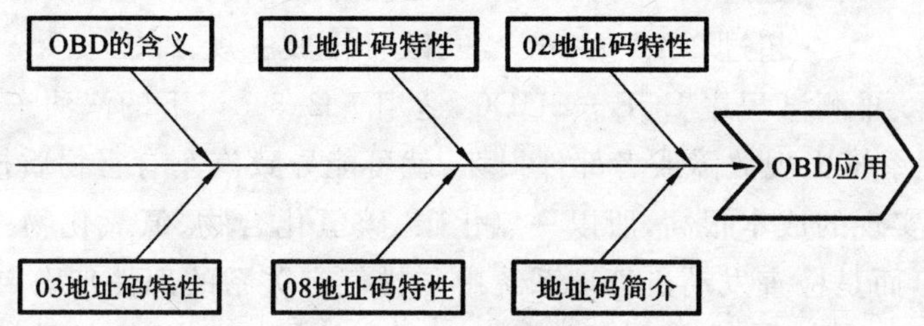

任务实施

实施一　任务准备

(1) 工具材料：汽车整车。

(2) 汽车整车实训室。

(3) 工具。

实施二　任务实施

(1) OBD 的出现是因为(　　)要求用更精确的方法探测造成排放(见图 1-7)上升的发动机性能问题。

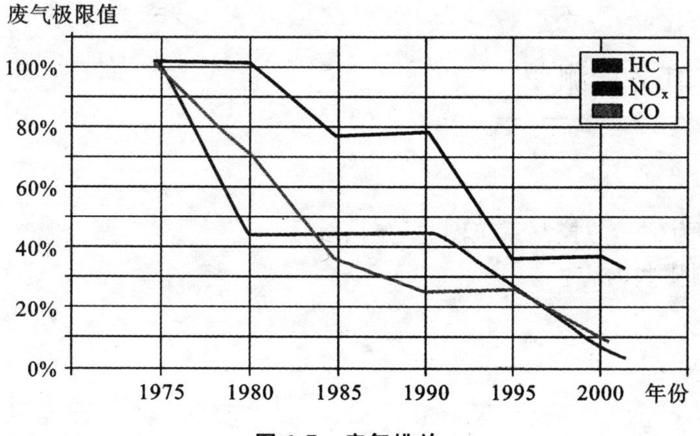

图 1-7　废气排放

(2) 判断下面说法是否准确。

① 欧洲共同体要求当发生故障的零部件或系统导致排放超过以下标准时，装备有 EOBD 的车必须点亮故障指示灯并记录一个诊断故障码(DTC)：

碳氢化合物(HC)　　超过 0.40 g/km　　(欧Ⅲ排放法规：0.20 g/km)

氮氧化物(NO_X)　　超过 0.60 g/km　　(欧Ⅲ排放法规：0.15 g/km)

一氧化碳(CO)　　超过 3.20 g/km　　(欧Ⅲ排放法规：2.30 g/km)

以上排放基于欧Ⅲ测试程序 ECE+EUDC，适用于 2.5 t 以下的汽油车。

② 发动机管理系统出现故障或者部件损坏，就可能导致汽车有害物质排放明显增多。

由于从技术上实现的成本很高，所以一氧化碳、碳氢化合物、氮氧化物三种物质的浓度不是直接测量出来的，而是检查发动机管理系统中与排气有关系的部件来确定的。

③ 检测到排放相关故障时，OBD 系统用仪表板上的 MIL 灯给驾驶员报警。

OBD 系统存储有识别故障件、故障系统和故障原因的重要信息，有助于技师迅速诊断，对症修理，降低车主维修成本，并在第一时间使车辆得到正确维修。

④ OBD 的发展要回溯到美国加利福尼亚州空气资源部(CARB)为 1988 年和后来的加利福尼亚州汽车制定的排放法规。

a. 早期的 OBD 系统相对比较简单，只监测氧传感器、EGR 系统、供油系统和发动机控制模块。它没有要求汽车厂和车型之间任何标准化的故障码和步骤，也不探测许多造成排放升高的发动机管理问题。

b. 因为美国和欧洲采用了两种不同的排放法规体系，所以第二代车载诊断系统有 OBD-Ⅱ和 EOBD 两种形式。

欧洲型车载自诊断系统与美国的 OBD-Ⅱ区别不大，只是针对欧洲的排放标准重新做了匹配，也同样配备了中央诊断接口和废气警报灯。

OBD-Ⅱ、EOBD 除了对与排放有关的部件的完全失效可进行诊断外，还可对由于部件老化、部分失效引起的排放超标进行诊断。因此，OBD-Ⅱ、EOBD 系统才是真正意义上实现了对车辆整个使用寿命范围内的排放控制。OBD-Ⅱ、EOBD 使用统一的标准，只要用一台仪器即可对各种车辆进行诊断检测，这给全球汽车维修检测提供了极大的方便。

实施三　任务检测

(1) 填写下图。

图 1-8 所示的为(　　)控制系统图。

(2) OBD 检测哪些内容？

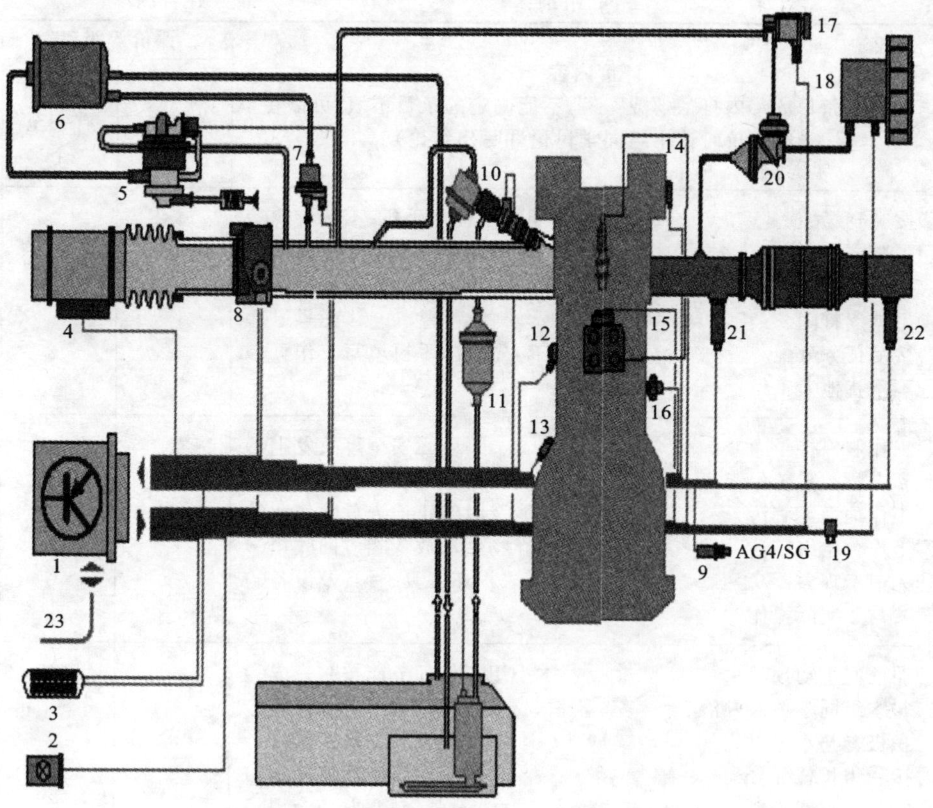

图 1-8

1—发动机控制器；2—排放警示灯；3—诊断接头；4—空气流量计；5—燃油系统诊断泵；6—活性炭罐；7—活性炭罐电磁阀；8—节流阀体；9—车速传感器；10—喷嘴；11—燃油过滤器；12—爆震传感器；13—发动机转速传感器；14—相位传感器；15—点火模块；16—水温传感器；17—二次空气电磁阀；18—二次空气泵；19—二次空气泵继电器；20—二次空气组合阀；21—氧传感器(转换器前)；22—氧传感器(转换器后)；23—CAN 总线

实施四 任务评价

任务评价表

班级： 组别： 姓名：

<table>
<tr><td rowspan="2">项目</td><td rowspan="2">评价内容
（请在对应条目的○内打“√”或“×”，不能确定的条目不填，可以在小组评价时让本组同学讨论并写出结论）</td><td colspan="3">评价等级（学生自评）</td></tr>
<tr><td>A
全部为
√</td><td>B
有一至
三个×</td><td>C
有多于
三个×</td></tr>
<tr><td rowspan="3">关键能力自评</td><td>○按时到场　学习期间不使用手机、不玩游戏○
○工装齐备　未经老师批准不中途离场○
○书、本、笔齐全　无违规操作○
○不追逐打闹　无早退○
○接受任务分配　先擦净手再填写工作页○
○不干扰他人工作</td><td></td><td></td><td></td></tr>
<tr><td>○工作服保持干净　无安全事故发生○
○私人物品妥善保管　使用后保持工具整齐干净○
○工作地面无脏污　能及时纠正他人危险作业○
○工作台始终整洁　废弃物主动放入相应回收箱○
○无浪费现象　未损坏工具、量具及设备○
○参与了实际操作</td><td></td><td></td><td></td></tr>
<tr><td>○课前有主动预习　本小组工作任务能按时完成○
○与本组同学关系融洽　主动回答老师提问○
○积极参与小组讨论　能独立规范操作○
○接受组长任务分配　能主动帮助其他同学○
○能独立查阅资料　不戴饰物，发型合规○
○工装穿戴符合要求</td><td></td><td></td><td></td></tr>
<tr><td>专业能力自评</td><td>○能按时完成工作任务　能独立完成工作页○
○工量具选用准确　没有失手坠落物品○
○无不规范操作　指出过他人的不规范操作○
○完成学习任务不超时　暂时无任务时不无所事事○
○学习资料携带齐备　工作质量合格无返工○</td><td></td><td></td><td></td></tr>
<tr><td>小组评语及建议</td><td>他（她）做到了：

他（她）的不足：

给他（她）的建议：</td><td colspan="3">组长签名：

年　月　日</td></tr>
<tr><td>教师评价及建议</td><td></td><td colspan="3">评价等级：

教师签名：

年　月　日</td></tr>
</table>

相关知识

知识一　地址 01 发动机系统(J220)

1. 各车型节气门基本设定

捷达 5V、高尔夫 2.0：水温 81 ℃以上，节气门基本设定为 01-04-098。
捷达 2V、宝来、高尔夫：节气门基本设定为 01-10-00(删除记忆值)。

2. Bora、Golf EGR 阀基本设定

基本设定为 01-04-074。

3. Bora、Golf 可变进气调整电磁阀检查

AGN(BAF)1.8 L 发动机检查：冷却液温度不低于 80℃时，电磁阀电阻值为 10～18 Ω。
AUM(BAE)1.8 L 发动机检查：基本设定为 01-04-094。

4. 发动机控制单元编码

捷达各车型发动机控制单元编码如表 1-2 所示。

表 1-2 捷达各车型发动机控制单元编码

车　型		发动机控制单元编码
2V	手动变速器	0001
	自动变速器	0003
5V	手动变速器	04000
	自动变速器	04030
04	手动变速器	00071
	自动变速器	00073
05	手动变速器	00081
	自动变速器	00083
07	手动变速器	00011(伙伴)/00031
	自动变速器	

宝来、高尔夫各车型发动机控制单元编码如表 1-3 所示。

表 1-3　宝来、高尔夫各车型发动机控制单元编码

车　　型		控制单元零件号	编码
1.6L 5V 发动机	手动变速器	06A 906 032 EQ	00031
	自动变速器	06A 906 032 JB	00033
1.8L 发动机	手动变速器	06A 906 032 LE	04500
	自动变速器	06A 906 032 LF	04530
1.8T 发动机	手动变速器	06A 906 032 EN	04500
	自动变速器	06A 906 032 LD	04530
2.0L 2V 发动机	手动变速器		
	自动变速器		
1.6L 2V 发动机	手动变速器	06A 906 033 FR	00031
	自动变速器	06A 906 033 KM	00033

开迪 1.6L 发动机控制单元编码如表 1-4 所示。

表 1-4　开迪 1.6L 发动机控制单元编码

车　　型		控制单元零件号	编　　码
1.6L 2V	手动变速器	06G 906 033	0000071

速腾各车型发动机控制单元编码如表 1-5 所示。

表 1-5　速腾各车型发动机控制单元编码

车　　型		控制单元零件号	编　　码
1.6L	手动变速器	06G 906 033 F	0000071
	自动变速器	06G 906 033 D	0000075
1.8T	手动变速器	06A 906 032 TQ	0008500
	自动变速器	06A 906 032 TR	0008570
2.0L			
	自动变速器	06G 906 032 F	0000075

知识二　地址 02 自动变速器电子系统(J217)

1. 自动变速器强制降挡基本设定

对于带自动变速器的车辆，更换发动机控制单元和油门踏板后，应进行强制低挡的基本设定(见表 1-6)：踩下油门踏板到底，触动牵制低挡开关，并保持 3 s 以上。

表 1-6　自动变速器基本设定

基本设定 063 → <屏幕显示	理论值
1→油门踏板位置传感器 G79	12%～97%
2→油门踏板位置传感器 G185	4%～49%
3→油门踏板位置	Kick Down
4→操作模式	ADP OK

2. 01M 自动变速器油更换与油面检查

(1) 检查油面条件如下。

① 变速器不得进入故障应急状态；

② 油温不许超过 30℃；

③ 变速器处于 P 挡位。

(2) 检查油面方法如下。

连接 VAG 1551 或 1552，进入地址 02，功能 08，数据组 05，观察第 1 区，即为 ATF 油温。发动机怠速运行，垂直举升汽车并试挂所有挡位，拧下变速器油底壳放油螺塞，当油温达到 35～45 ℃时，溢流管刚好有油滴出，油面高度符合标准。若没有油滴出，则要加以补充。用 15 N・m 力矩拧紧放油螺塞。

(3) 更换 ATF 油方法如下。

① 拆下变速器油底壳，放掉 ATF 油；

② 更换过滤器；

③ 装上油底壳，加注 3 L 左右 ATF 油；

④ 检查油面。

3. 09G 自动变速器油更换与油面检查

(1) 检查油面条件如下。

① 变速器不得进入故障应急状态；

② 油温不许超过 30℃；

③ 变速器处于 P 挡位。

(2) 检查油面方法如下。

连接 VAG 1551 或 1552，进入地址 02，功能 08，数据组 06，观察第 1 区，即为 ATF 油温。发动机怠速运行，垂直举升汽车并试挂所有挡位，拧下变速器油底壳放油螺塞，当油温达到 35～45 ℃时，溢流管刚好有油滴出，油面高度符合标准。若没有油滴出，则要加以补充。用 15 N・m 力矩拧紧放油螺塞。

(3) 更换 ATF 油方法如下。

① 拆下变速器油底壳，放掉 ATF 油；

② 更换过滤器；

③ 装上油底壳，加注 ATF 油；

④ 检查油面。

4. 自动变速器控制单元编码

09G 自动变速器控制单元(地址:02,功能:07,编码:00000)如表 1-7 所示。

表 1-7 09G 自动变速器控制单元

型　　号	控制单元	编　　码
速腾 1.6L	09G 927 750 EP	0002120
速腾 1.8T	09G 927 750 EQ	0002120
速腾 2.0L	09G 927 750 ER	0002120
迈腾 1.8T	09G 927 750 GN	0000328

知识三　地址 03 制动电子系统(J104)

1. ABS 控制单元编码

捷达各车型 ABS 控制单元编码如表 1-8 所示。

表 1-8 捷达各车型 ABS 控制单元编码

型　　号	ABS 控制单元编码
MK20I	03604
MK20I/E	01901
MK20IE CAN	01801 (伙伴)

宝来、高尔夫各车型 ABS 控制单元编码如表 1-9 所示。
开迪 1.6L 车型 ABS 控制单元编码如表 1-10 所示。
速腾各车型 ABS 控制单元编码如表 1-11 所示。
迈腾 1.8T 车型 ABS 控制单元编码如表 1-12 所示。

表 1-9 宝来、高尔夫各车型 ABS 控制单元编码

型　　号	控制单元零件号	ABS 控制单元编码
1.6L、1.8L、1.8T	1C0 907 379 J	01025
	1C0 907 379 L	
ASR/EDS(1.6L/1.8L)	1C0 907 379 K	13313
ASR/EDS(1.8T)		21505

表 1-10 开迪 1.6L 车型 ABS 控制单元编码

车　　型		控制单元零件号	ABS 控制单元编码
1.6L 2V	手动变速器	2K0 907 379 A	0017106

表 1-11　速腾各车型 ABS 控制单元编码

车　　型		控制单元零件号	ABS 控制单元编码
速腾 1.6L	手动变速器	1K0 907 379 AC	0021121
	自动变速器	1K0 907 379 AC	0021121
速腾 1.8T	手动变速器	1K0 907 379 AA	0021122
	自动变速器	1K0 907 379 AA	0021122
速腾 2.0L	手动变速器		
	自动变速器	1K0 907 379 AA	0021121

表 1-12　迈腾 1.8T 车型 ABS 控制单元编码

车　　型		控制单元零件号	ABS 控制单元编码
迈腾 1.8T	手动变速器	3C0 614 109 C	0000315
	自动变速器	3C0 614 109 D	0002366

2. 方向盘转角传感器 G85、G200、G201 零点平衡

1）方向盘转角传感器 G85 零点平衡

(1) 连接 VAG 1551 或 VAS 5051 进入 03 地址。

(2) 登录 11Q 或 40168Q(做多项调整时,只需登录 1 次)。

(3) 启动车辆,在平坦路面试车,以不超过 20 km/h 车速行驶。

(4) 如果方向盘是正中位置(若不在正中位置,则要调整),则停车即可,不要关闭点火开关。

(5) 检查 08 功能下 004 通道第 1 显示区转角 0 度。

(6) 04Q、060Q、ABS/ESP/EPS 三个警告灯亮。

(7) 输入 06 退出,ABS 和 ESP 警报灯亮约 2 s。

2）侧向加速度传感器 G200 零点平衡

(1) 将车停在水平地面上。

(2) 连接 VAG 1551 或 VAS 5051 进入 03 地址。

(3) 登录 11Q 或 40168Q。

(4) 输入 04Q、063Q,ABS 警报灯闪亮。

(5) 输入 06 退出。

(6) ABS 和 ESP 警报灯亮约 2 s。

若显示该功能不能执行,则说明登录有误。

若显示基本设定关闭,则说明超出零点平衡允许公差。读取 08 数据块(004 通道第 2 显示区静止时数据为±1.5;方向盘至止点,以 20 km/h 车速左/右转弯,测量值应均匀上升)及故障记忆,然后重新进行。

3）制动压力传感器 G201 零点平衡

(1) 不要踩制动踏板。

(2) 连接 VAG 1551 或 VAS 5051 进入 03 地址。

(3) 进入 08 阅读测量数据块 005 通道,检查第 1 显示区数据。

(4) 登录 11Q 或 40168Q。

(5) 输入 04Q、066Q,ABS 警报灯闪亮。

(6) 输入 06 退出。

(7) ABS 和 ESP 警报灯亮约 2 s。

若显示该功能不能执行,则说明登录有误。

若显示基本设定关闭,则说明超出零点平衡允许公差。读取 08 数据块(005 通道)及故障记忆,然后重新进行设定。

3. ESP 启动检测

ESP 检测用于检查信号的可靠性(G200、G202、G201),拆卸或更换 ESP 部件后,必须进行 ESP 检测。

(1) 连接 VAG 1551 或 VAS 5051,打开点火开关,进入 03 地址。

(2) 进入 04 基本设定,选择 093 通道,按 Q 键。

(3) 显示屏显示 on,ABS 警报灯亮。

(4) 拔下自诊断插头,启动发动机。

(5) 用力踩下制动踏板(制动力应大于 35 MPa),直到 ESP 警报灯 K155 闪亮。

(6) 以 15~30 km/h 试车,时间不超过 50 s,行车时应保证 ABS、EDS、ASR、ESP 不起作用。

(7) 转弯并保证方向盘转角大于 90°。

(8) ABS 警报灯和 ESP 警报灯熄灭,则 ESP 检测顺利完成。

若 ABS 灯不灭,则说明 ESP 检测未顺利完成;若 ABS 灯不灭且 ESP 灯亮,则需查询故障存储器。

知识四 地址 08 自动空调系统(J255)

1. 自动空调基本设定

自动空调基本设定编码为 08-04-000。

2. 自动空调控制单元编码

宝来、高尔夫空调控制单元编码:地址为 08,功能为 07,编码为 01000/01100。

速腾、迈腾空调控制单元编码:地址为 08,功能为 07,编码为 00000。

知识五 地址 09 电器中央电子设备(J519)

1. J519—10 功能自诊断

09-10-01:回家功能时间设定 10~120 s。

09-10-02:离家功能时间设定 10～120 s。

09-10-03:后风窗加热自动切断时间设定 1～254 s。

09-10-04:大灯清洗时间设定 50～10000 ms。

2. 关闭刮水电动机的 APS 功能

更换雨刮臂时,APS 必须关闭,并且刮水电动机必须达到其最低位置。一旦关闭,刮水电动机即认为停留位置为最低位置。为了能实现这个目标,必须退出 APS 功能。

注意:关闭 APS 功能后,不能马上激活 APS 功能,只有经过 100 个刮水循环后,APS 功能才会自动激活。

知识六 地址 15 安全气囊(J234)

1. 安全气囊控制单元编码

宝来、高尔夫安全气囊控制单元编码如表 1-13 所示。

表 1-13 宝来、高尔夫安全气囊控制单元编码

车型	控制单元零件号	安全气囊控制单元编码
宝来、高尔夫	1C0 909 601	12874
	1C0 909 601 2K	12875

2. 自适应安全气囊

自适应安全气囊基本设定如表 1-14 所示。

表 1-14 自适应安全气囊基本设定

地址	对应设备名称或功能
01	副司机气囊
02	司机气囊
03	副司机侧气囊
04	司机侧气囊
05	副司机侧爆炸式安全带
06	司机侧爆炸式安全带
07	副司机侧头部气囊
08	司机侧头部气囊

知识七 地址 16 方向盘电子系统(J527)

速腾控制单元编码的代码组成如下。

0 X X X X X X：空

0 X X X X X：空

0 X X X X：手动变速器

1 X X X X：自动变速器

0 X X X：不带多功能的方向盘

1 X X X：3 轮辐不带多功能方向盘

2 X X X：3/4 轮辐带多功能方向盘，无 CCS

3 X X X：3/4 轮辐带多功能方向盘，带 4 位置的 CCS

0 X X：方向盘上无手动换挡程序开关，无方向盘加热器

1 X X：方向盘上有手动换挡程序开关，无方向盘加热器

2 X X：有方向盘加热器，方向盘上无手动换挡程序开关

3 X X：有方向盘加热器，方向盘上有手动换挡程序开关

0 X：无多功能显示器(multi-function Indicator，MFA)，无 CCS

1 X ：有多功能显示器，无 CCS

2 X ：无多功能显示器，带 CCS

4 X ：有多功能显示器，带 CCS

1：无后车窗刮水器。

2：有后车窗刮水器。

缩写 CCS：定速控制装置，代码例子：12021。

知识八 标准化的 OBD 系统

1. 标准化的数据诊断接口

OBD 诊断座为统一的 16 针脚，并装置在驾驶室内驾驶侧仪表板下方。

16 针脚的资料传输线有以下两个标准。

ISO：欧洲统一标准(1941-2)，利用 7＃和 15＃脚。

SAE：美国统一标准(SAE-J1850)，利用 2＃和 10＃脚。

2. 对发动机硬件的要求

(1) 将发动机转速传感器安装在发动机离合器一侧，通过发动机转速的细微波动来监测发动机运行状况，当发动机失火时避免受到曲轴扭振的影响。

(2) 车身垂直的加速度传感器(允许跟 ABS 系统的加速度传感器共用)用于在路面十分差的条件下关闭 OBD 功能。

(3) 在三元催化转化器的后面增添一个氧传感器，以便用“浓”和“稀”混合气交替的方法监测三元催化转化器的储氧能力；监测氧传感器信号电压是否超出可能范围、响应速度是否过低、跳变时间之比是否超出规定范围、波动频率是否过低，以及氧传感器是否活性不足，氧传感器加热器是否加热过慢等。

(4) 采用排气再循环系统的场合，要在进气歧管内安装压力传感器，以便对排气再循环率进行控制，汽车在海拔高度超过 2500 m 行驶时，关闭 OBD 功能。

知识九 OBD 故障码的分类

根据故障是否对排放有影响及其严重程度，故障码有以下分类的方法。

1. 影响排放故障码

(1) A 类：发生一次故障就会点亮 OBD 故障指示灯和记录故障码。

(2) B 类：两个连续行程中各发生一次故障，才会点灯和记录故障码。

(3) E 类：三个连续行程中各发生一次故障，才会点灯和记录故障码。

OBD 要求任何影响排放的故障都必须在三个连续行程中诊断出，且点亮 OBD 故障指示灯，记录故障码和故障发生时的定格数据。

注：一个行程是指 OBD 测试都能得以完成的驱动循环，对于 EOBD，可以欧Ⅲ排放的测试程序（ECE＋EUDC）为基准。

2. 不影响排放故障码

(1) C 类：故障发生时记录故障码，但不点亮 OBD 故障指示灯。厂家可根据需要点亮另外一个报警灯。

(2) D 类：故障发生时记录故障码，但不点亮任何警告灯。

任务拓展

拓展一 什么是 OBD

OBD 系统可根据发动机的运行状况随时监控汽车尾气是否超标，一旦超标，会马上发出警示。当系统出现故障时，故障（MIL）灯或检查发动机（check engine）警告灯亮，同时动力总成控制模块（PCM）将故障信息存入存储器，通过一定的程序可以将故障码从 PCM 中读出。根据故障码的提示，维修人员能迅速准确地确定故障的性质和部位。

从 20 世纪 80 年代起，美、日、欧等各大汽车制造企业在其生产的电喷汽车上就配备了 OBD，初期的 OBD 没有自检功能。比 OBD 更先进的 OBD-Ⅱ在 20 世纪 90 年代中期产生，美国汽车工程师协会（SAE）制定了一套标准规范，要求各汽车制造企业按照 OBD-Ⅱ的标准提供统一的诊断模式。在 20 世纪 90 年末期，进入北美市场的汽车都按照新标准设置 OBD。

OBD-Ⅱ与以前的所有车载自动诊断系统不同之处在于有严格的排放针对性，其实质性能就是监测汽车排放。若汽车排放的一氧化碳（CO）、碳氢化合物（HC）、氮氧化物（NOx）或燃油蒸发污染量超过设定的标准,故障报警灯就会点亮报警。

虽然 OBD-Ⅱ对监测汽车排放十分有效,但驾驶员是否接受警告全凭“自觉”。为此,比 OBD-Ⅱ更先进的 OBD-Ⅲ产生了。OBD-Ⅲ主要目的是使汽车的检测、维护和管理合为一体,以满足环境保护的要求。OBD-Ⅲ系统会分别进入发动机、变速器、ABS 等系统的 ECU 中去读取故障码和其他相关数据,并利用小型车载通信系统,如 GPS 导航系统或无线通信方式将车辆的身份代码、故障码及所在位置等信息自动通告管理部门,管理部门根据该车辆排放问题的等级对其发出指令,包括去哪里维修的建议、解决排放问题的时限等,还可以对超出时限的违规者的车辆发出禁行指令。因此,OBD-Ⅲ系统不仅能对车辆排放问题向驾驶者发出警告,而且还能对违规者进行惩罚。

据了解,国内合资汽车厂近年来引进的一些车型在欧洲也有生产销售,它们本身就配备有 OBD 并达到了欧 III 甚至欧 IV 标准,国产后往往会减去或关闭 OBD,一方面是节约成本,另一方面则是为了避免在油品质量不达标的情况下不会因 OBD 报警而引起麻烦。

北京在实行欧Ⅲ标准后,要求汽车增加 OBD 装备。

拓展二　车载诊断系统 OBD-Ⅱ

车载诊断系统 OBD-Ⅱ程序在美国的颁布实施,给汽车专业人士的诊断带来了空前的便利。任何维修人员都可使用同一设备,对所有根据标准生产的汽车在同一位置通过同样的诊断接口就可进行故障诊断。随着经济全球化和汽车国际化程度越来越高,中国的维修人员将越来越深切感受到 OBD-Ⅱ强大的技术魅力。

OBD-Ⅱ是“on-Board Diagnostic Ⅱ”,即Ⅱ型车载诊断系统的缩写。为使汽车排放和驱动性相关故障的诊断标准化,从 1996 年开始,凡在美国销售的全部新车,其诊断仪器、故障编码和检修步骤必须符合 OBD-Ⅱ程序规定。随着经济全球化和汽车国际化的程度越来越高,作为驱动性和排放诊断基础,OBD-Ⅱ系统将得到越来越广泛的实施和应用。OBD-Ⅱ程序使得汽车故障诊断简单而统一,维修人员不需专门学习每一个厂家的新系统,可以说,OBD-Ⅱ给维修人员的诊断检修工作带来了空前的便利。

OBD-Ⅱ的作用:在 OBD-Ⅱ计划实施之后,任一技师可以使用同一个诊断仪器诊断任何根据标准生产的汽车。OBD-Ⅱ成熟的功能之一是,当系统点亮故障灯时,记录下全部传感器和驱动器的数据,可以最大限度地满足诊断维修的需要。面对各国日益严格的汽车排放法规,OBD-Ⅱ监视排放控制系统效率的目标是,随着汽车运行中效率的降低,根据测试步骤,当汽车排放水平已达到新车排放标准的 1.5 倍时,点亮故障灯并存储故障码。此外,OBD-Ⅱ还要求配置某些附加的传感器硬件,如加热氧传感器,装在三元催化转换器排气的下端。采用更精密的曲轴或凸轮轴位置传感器,以便更精确地检测是否缺火,全部车型配置一个新的 16 针诊断接口。这样一来,计算机的处理能力大大提高,不仅能够跟踪部件的损坏,而且满足了汽车排放的严格限制。

OBD-Ⅱ程序的设计要求避免系统之间的混淆,这不仅要求使用标准的 16 针诊断接口,还要使用特定的编码及在制造商的文件中对部件的说明,这是为了达到以下几方面的统一和标准化。

(1) 通用术语和缩写词。例如,为计算机提供曲轴位置和转速信息的装置称为曲轴位置传感器,缩写为“CKP”,计算机统一称为“PCM”。

(2) 通用数据诊断接口。每车都装有一标准形状和尺寸的16针诊断接口,每针的信号分配相同,并位于相同的位置,装在仪表盘的左边与汽车中轴线靠右300 mm之间的某处。应当注意的是,诊断接口的某些端子,指定为特定信号使用,而其他端子则可让制造商使用,或在当前型号的车上尚未使用。

(3) 通用诊断测试模式。这些测试模式,对采用OBD-Ⅱ的汽车都是通用的,使用OBD-Ⅱ扫描工具就可测试。

(4) 通用扫描工具。满足OBD-Ⅱ要求的扫描工具,必须能访问和解释任何车型与排放相关的诊断故障码,扫描工具有线束,可与标准的16针连接器相接。

(5) 通用诊断故障码。在对上海别克、广州雅阁等轿车进行故障诊断时,自诊断系统都可以显示标准OBD-Ⅱ故障代码,如“PO125”“PO204”,分别代表有转速信号时发动机5 min内没达到10 ℃和4号喷油嘴输出驱动器不正确的响应控制信号。

SAE-J2010规定了一个5位标准故障代码,第1位是字母,后面4位是数字。

首位字母表示设置故障码的系统。当前分配的字母有4个:“P”代表动力系统,“B”代表车身,“C”代表底盘,“U”代表未定义的系统。

第2位字符是0、1、2或3,含义是:0——SAE(美国汽车工程师协会)定义的通用故障码;1——汽车厂家定义的扩展故障码;2或3——随系统字符(P、B、C或U)的不同而不同。动力系统故障码(P)的2或3由SAE留作将来使用;车身或底盘故障码的2为厂家保留,车身或底盘故障码的3由SAE保留。

第3位字符表示出故障的系统:1——燃油或空气计量故障;2——燃油或空气计量故障;3——点火故障或发动机失火;4——辅助排放控制系统故障;5——汽车或怠速控制系统故障;6——ECU或输出电路故障;7——变速器控制系统故障;8——变速器控制系统故障。

最后2位字符表示触发故障码的条件。不同的传感器、执行器和电路分配了不同区段的数字,区段中较小的数字表示通用故障,即通用故障码;较大的数字表示扩展码,提供了更具体的信息,如电压低或高,响应慢,或信号超出范围。

(6) 标准化协议。要求制造商使用相同的多路通信语言,用于PCM与其传感器和执行器间的通信,以及诊断工具之间诊断信息的发送与接收。

OBD-Ⅱ标准要求发动机管理系统对每一受监视的电路,根据专门设置的运行条件(如暖机周期、驱动周期、OBD-Ⅱ行程、OBD-Ⅱ驱动周期和相似条件等),在监视序列检测其故障,如位置故障代码,点亮和熄灭故障报警灯,以及消去故障代码。在这里,所谓监视序列是一个运行过程,是一个用来测试规定系统功能或部件的操作。例如,计算机可在减速时打开或关闭EGR阀,并监视MAP传感器,以观察EGR阀是否在工作;或在巡航时,计算机打开或关闭炭罐净化,以观察氧传感器的信号,这样就可以同时测试两个部件。

具体的诊断设备如下。

(1) 扫描工具。OBD-Ⅱ条例规定了故障代码,发动机管理的传感器信号、计算机命令等,并可通过一个通用的扫描工具读出。扫描工具可给出重要的维修信息，但很多维修人员并没使用其全部功能，仅用于读取故障码。实际上，扫描工具所提供的数据，多数可用于查出故障所在。

特别有效的故障排除方法是同时使用扫描工具和四气体（HC、CO、O_2 和 CO_2）或五气体（再加上 NO_X）红外线式尾气分析仪。这样可对传感器信号或计算机命令信息与实际尾管的排气相比较，看看这些读数的逻辑结果是否合理。

（2）实验室示波器。只要扫描工具正常，它就告诉用户发动机工作情况，但维修人员不能“看出”问题或者因“假信号”发生得太快，扫描工具就显示不出来了，或者 OBD-Ⅱ系统根本就没有编程来识别这种差异。针对这种情况，使用实验室示波器非常有效。示波器有台式，也有手持式的。用模拟示波器检查点火系统的故障已有几十年历史了，但它与现代实验室示波器完全是不同的类型。传统模拟示波器要求所显示的信号是一个重复的周期信号，而实验室示波器是对这一信号进行实时显示的。因为其采样频率高，所以信号的每一重要细节都被显示出来，这样高的速度可在发动机运转时识别出任何可造成故障的信号。如果需要，任何时间都可重看波形，因为这些波形都可存于内存中。

典型的现代实验室示波器具有双线或多线功能，即可同时在屏幕上看到两个或多个单独的信号，这样就可观察一个信号如何影响另一个信号。例如，可将氧传感器电压信号输入到通道 A，将喷油器脉冲输入到通道 B，然后观察脉冲是否响应氧传感器信号的变化。

可将实验室示波器看成一个高速可视电压表，它能够清晰地显示信号波形，在图形上能捕捉到瞬间干扰、尖峰脉冲、噪声和所测部件的不正常波形等。

拓展三　OBD-Ⅱ——第二代车载诊断系统

OBD-Ⅱ的故障报警灯自诊断接口如图 1-9 所示。

图 1-9　OBD-Ⅱ的故障报警灯自诊断接口

一、起源

目前，北京已开始实施国Ⅲ汽车排放标准。这一标准是国家第三阶段的排放标准，它相当于欧洲Ⅲ号排放标准，对 CO、NO_X、HC、CO_2 采取更严格的限制。而要达到这一目标就要通过技术提升来解决，在汽车运行全程中不断监视尾气的排放质量，一旦发现汽车在运行过程中与控制尾气排放的相关元件出现故障，就会立刻报警，从而提醒驾驶员立即对车进行检修，以确保汽车时刻处于绿色环保状态。为此，国Ⅲ 汽车排放标准强制规定：新车必须安装 OBD。该系统的特点在于检测点和检测系统增多，在三元催化转化器的进、出口上都有氧传感器。

实际上，自 20 世纪 80 年代开始，世界各汽车制造厂就在车辆上配备全功能的控制和诊断系统。这些新系统在车辆发生故障时可以警示驾驶，而在维修时则可经由特定的方式读取故障代码，以加快维修时间，这便是 OBD。到了 1985 年，美国加利福尼亚州大气资源局(CARB)开始制定法规，要求各车辆制造厂在加利福尼亚州销售的车辆必须装置 OBD，这些车辆上配备的 OBD 称为 OBD-Ⅰ(第一代随车诊断系统)。

OBD-Ⅰ必须符合下列规定。

★ 仪表板必须有“发动机故障警示灯”，如图 1-10 所示，以提醒驾驶员注意特定的车辆系统已发生故障(通常是废气控制相关系统)。

★ 系统必须有记录/传输相关废气控制系统故障码的功能。

★ 电器组件监控必须包含氧传感器、废气再循环装置(EGR)、燃油箱蒸汽控制装置(EVAP)。

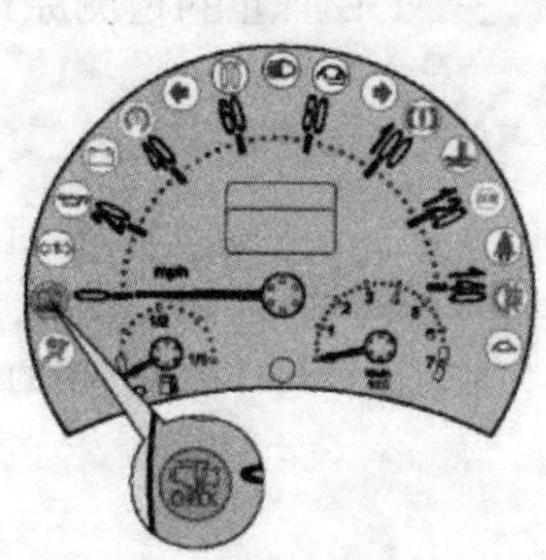

图 1-10　发动机故障报警灯

起初加利福尼亚州大气资源局制定 OBD-Ⅰ的用意是要减少车辆废气排放以及简化维修流程，但由于 OBD-Ⅰ不够严谨，遗漏了三元催化转换器的效率监测、油气蒸发系统的泄漏侦测以及发动机是否失火的检测，导致 HC 排放增加。再加上 OBD-Ⅰ的监测线路敏感度不高，等到发觉车辆故障再进厂维修时，事实上已排放了大量的废气。

OBD-Ⅰ除了无法有效地控制废气排放外，还存在另一个严重的问题：各车辆制造厂发展了自己的诊断系统、检修流程、专用工具等，给非特约维修站技师的维修工作带来许多问题。加利福尼亚州大气资源局眼见 OBD-Ⅰ系统离当初制定的目标越来越远，即开始发展第二代随车诊断系统(OBD-Ⅱ)。

OBD-Ⅱ可在发动机的运行状况中持续不断地监控汽车尾气，一旦发现尾气超标，就会马上发出警报，如图 1-11 所示。当系统出现故障时，故障报警灯或检查发动机警告灯亮，同时发动机电脑将故障信息存入存储器，通过程序可以将故障代码从发动机电脑中读出。根据故障码的提示，维修人员就能迅速准确地确定故障的性质和部位。

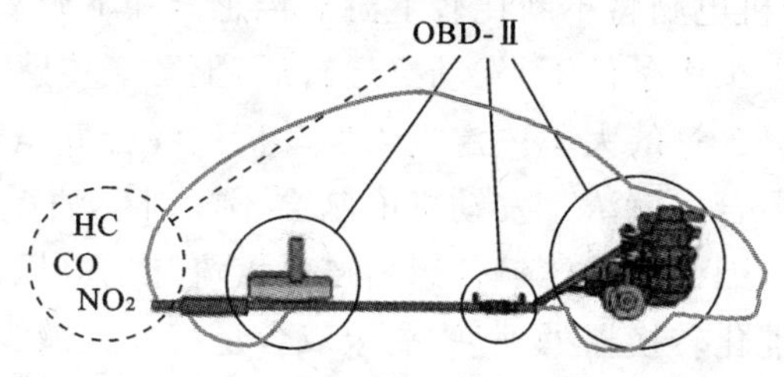

图 1-11　OBD-Ⅱ的监控

二、发展 OBD-Ⅱ的目的

OBD-Ⅱ比 OBD-Ⅰ增加了新的监测区域，包括三元催化转换器转换效率和决定发动机失火的曲轴速度，可以获得任何时间的发动机失火、HC 排放增加的信息。简单来说，OBD-Ⅱ系统必须具有下列功能。

(1) 检测废气控制系统的关联元件是否出现“老化”或“损坏”。

(2) 必须有警示装置，以便于提醒驾驶员，要及时对废气控制系统进行保养与检修。

(3) 监控传感器和执行器的功能。

(4) 使用标准化的故障码，并且可由通用的仪器读取。

三、OBD-Ⅱ的检测原理

1. 三元催化转换器

三元催化转换器(见图 1-12)是汽车排气系统中最重要的机外净化装置，它可将汽车尾气排出的 CO、HC 和 NO_X 等有害气体通过氧化还原作用转变为无害的 CO_2、H_2O 和 N_2。由于这种催化器可同时将废气中的三种主要有害物质转化为无害物质，故称为三元。

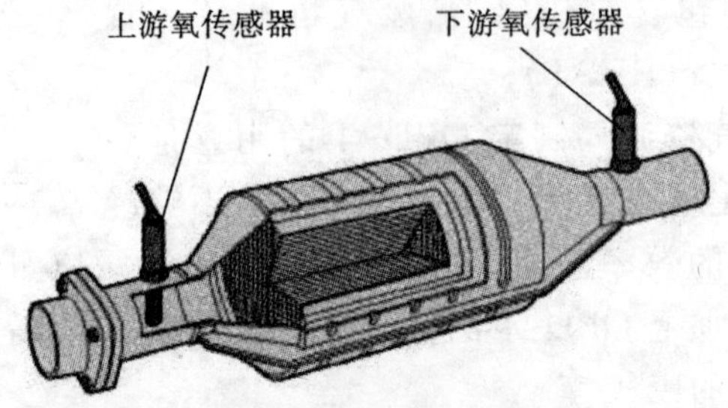

图 1-12　三元催化转换器

当高温的汽车尾气通过净化装置时，三元催化转换器中的净化剂将增强 CO、HC 和 NO_X 三种气体的活性，促使其进行一定的氧化还原化学反应，其中 CO 在高温下氧化成为无色、无毒的 CO_2；HC 在高温下氧化成 H_2O 和 CO_2；NO_X 还原成 N_2 和 O_2。三种有害气体变成无害气体，使汽车尾气得以净化。

那么，OBD-Ⅱ对三元催化转换器做了哪些检测呢？我们知道，当三元催化转换器老化或者损坏时，其氧化还原能力就会严重削弱，从而造成发动机尾气严重超标。因此，OBD-Ⅱ在发动机运行过程中将持续对 CO 的含量进行检测。

在故障诊断期间，发动机电脑将不断比较上游氧传感器和下游氧传感器的信号，使之保持在一定的转换比例上。正常工作条件下，发动机运转后，上游氧传感器不断检测发动机尾气中的剩余氧含量。根据剩余氧含量的大小决定吸入发动机的混合气是稀或浓，剩余氧含量多，混合气就稀；剩余氧含量少，混合气就浓。发动机电脑会不断对燃油系统进行调节，从而改变喷油量大小，匹配最佳混合气，因此在上游氧传感器产生直流脉动电压信号，电压在 0.1～0.9 V 之间变化。废气经过三元催化转换器处理后，剩余氧含量将大大减少，在下游氧传感器上的电压脉动大大减小，由此可以断定三元催化转换器处于良好工作状态(见图 1-13)。如果三元催化转换器工作不良或者有故障，则在氧化还原反应上无法完全对有害物进行完全转变，下游氧传感器上的电压脉动与上游氧传感器上的电压脉动近似相同。如果上、下游氧传感器的信号的振幅、频率接近一致，则表明三元催化转换器失效(见图 1-14)，发动机电脑就会立刻通过发动机故障报警灯对外发出警报。

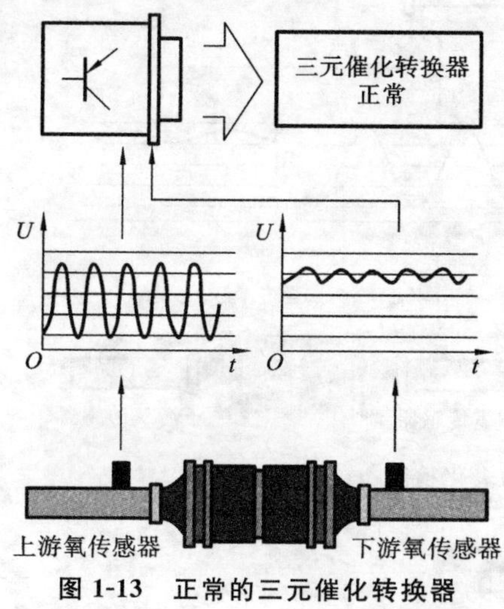

图 1-13　正常的三元催化转换器

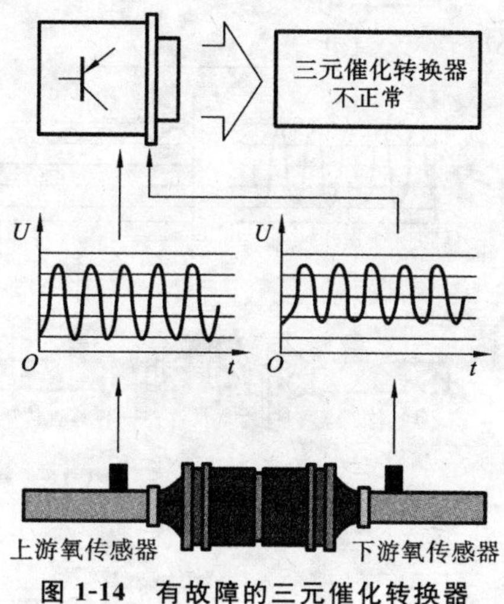

图 1-14　有故障的三元催化转换器

2. 氧传感器

电喷发动机控制系统中的氧传感器(见图 1-15)是现代汽车中一个非常重要的传感器，用来监测发动机排气中氧的含量或浓度，并根据所测得的数据输出一个信号电压，反馈给电脑，从而控制喷油量的大小。它通常安装在排气系统中，直接与排气气流接触。

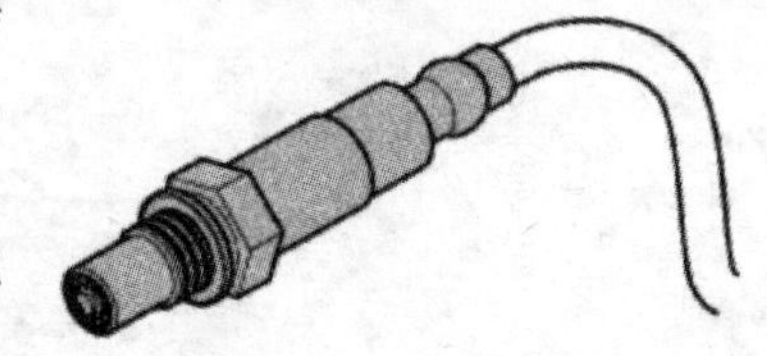

图 1-15　氧传感器

氧传感器的工作原理与干电池的相似，传感器中的氧化锆元素起类似电解液的作用。在一定条件(高温和铂催化)下，利用氧化锆内、外两侧的氧浓度差，产生电位差，且浓度差越大，电位差就越大。根据氧传感器的电压信号，电脑按照尽可能接近 14.7∶1 的最佳空燃比来控制混合气的浓度。

OBD-Ⅱ在发动机运行过程中持续不断地监控氧传感器的工作灵敏度/老化性能、氧传感器信号电压以及氧传感器的预热器。

氧传感器中毒或者老化会对氧传感器产生不利影响，这种中毒往往是汽油中的含铅成分过高，所导致的氧传感器铅中毒。在出现中毒或者老化后，我们将会观察到氧传感器的电压周期大大增加或者氧传感器的信号电压将变得平直。图 1-16 所示的是氧传感器老化或中毒时发动机电脑的诊断曲线。

3. 二次空气喷射

二次空气喷射就是发动机在冷车启动时，由于必须在冷启动下供给较浓的混合气，在低温下发动机燃烧往往不是很好，含有大量 CO 的尾气排到大气中。为了降低这时的尾气污染以及暖机阶段的有害物排放，二次空气喷射装置(见图 1-17)将新鲜空气喷入发动机的排气管，使废气中可燃烧成分继续燃烧，以减少排放污染物，使之达到欧Ⅲ排放标准。

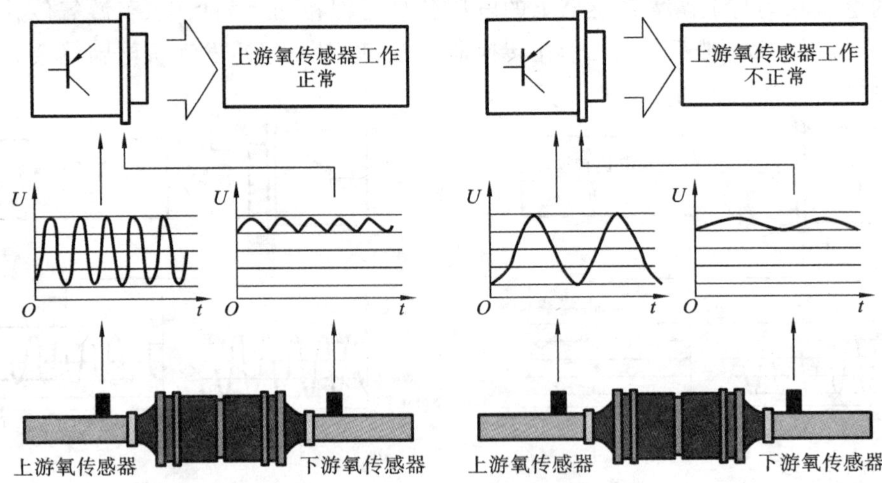

图 1-16　氧传感器的老化检测

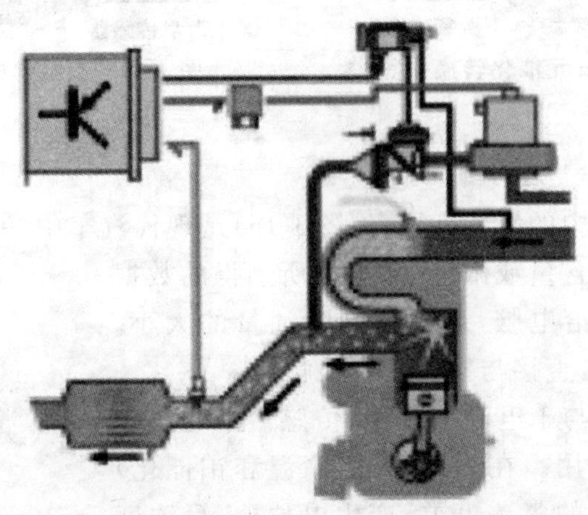

图 1-17　二次空气喷射装置

喷入发动机排气管的空气可以跟废气中的有害气体在排气过程中发生氧化反应，降低发动机尾气中的有害物质量，同时未完全燃烧的 HC 及 CO 与新鲜空气混合在排气过程中继续燃烧，可以快速对三元催化转换器进行预热，大大缩短三元催化转换器的反应时间。在三元催化转换器达到工作温度后，应停止二次空气喷射，避免造成三元催化转换器过热而毁坏。因此，在发动机冷启动后，二次空气喷射装置工作 80～120 s 便停止工作。

OBD-Ⅱ在发动机运行过程中监控组合阀的空气流量、电动空气泵、电动空气泵的继电器。ODB-Ⅱ对二次空气喷射装置的检测如图 1-18 所示。

4. 燃油蒸发控制系统

燃油蒸发控制系统的作用是防止油箱内蒸发的汽油蒸汽排入大气。它由蒸汽回收罐（亦称活性炭罐）、控制电磁阀及相应的蒸汽管道和真空软管等组成，如图 1-19 所示。蒸汽回收罐内充满了活性炭颗粒，当油箱内的汽油蒸汽经蒸汽管道进入蒸汽回收罐时，蒸汽中的汽油分子被活性炭吸附。燃油蒸汽回收罐上方的另一个出口经真空软管与发动机进气歧管相通，软管中部有一个电磁阀控制管路的通断。当发动机运转时，如果电磁阀开启，则在进气歧管真空吸

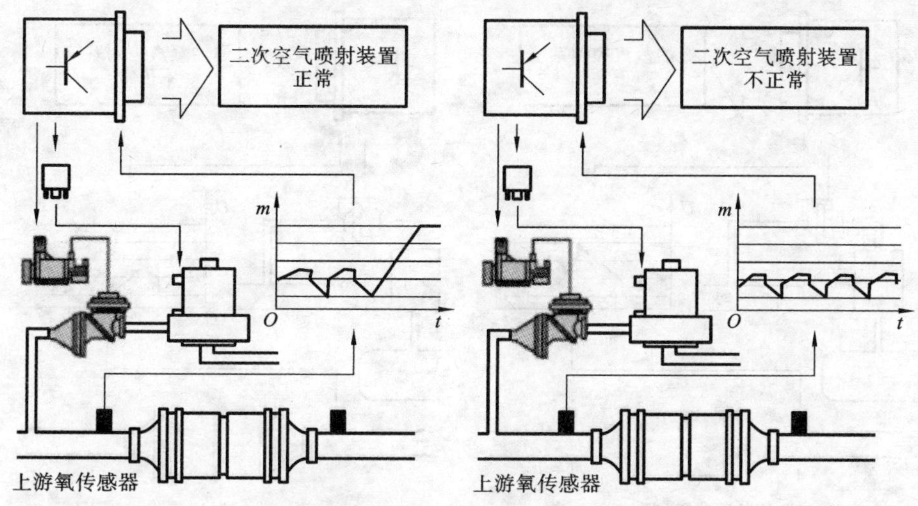

图 1-18　OBD-Ⅱ对二次空气喷射装置的检测

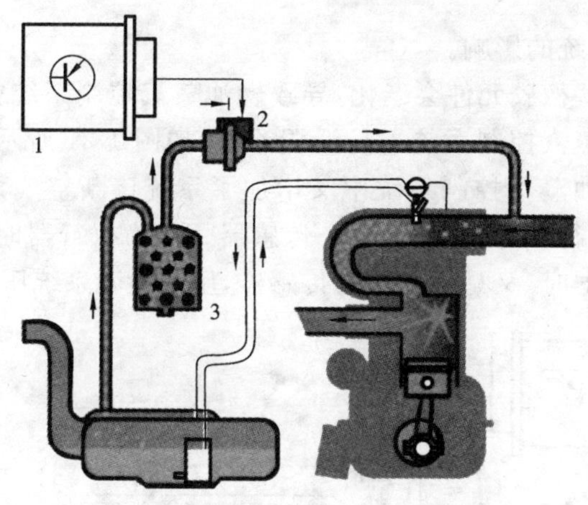

图 1-19　燃油蒸汽控制系统

1—发动机电脑；2—电磁阀；3—活性炭罐

力的作用下，新鲜空气将从蒸汽回收罐下方进入，经过活性炭后再从蒸汽回收罐的出口进入发动机进气歧管，把吸附在活性炭上的汽油分子（重新蒸发的）送入发动机燃烧，使之得到充分利用。

进入进气歧管的回收燃油蒸汽量必须加以控制，以防破坏正常的混合气成分。这一控制过程由电脑根据发动机的水温、转速、节气门开度等运行参数，通过操纵控制电磁阀的开、闭来实现。

OBD-Ⅱ在发动机运行过程中监控活性炭罐电磁阀、其他相关联的传感器和执行器的检测，如图 1-20 所示。当燃油蒸汽系统工作时，一部分汽化的汽油将通过活性炭罐送入进气歧管，无疑加浓了混合气。如果燃油箱燃油耗尽，则会稀释混合气。混合气的改变可以通过氧传感器来检测，因此也可以作为一个重要的检测尺度来检测燃油蒸汽控制装置。当燃油蒸汽控制系统正常时，伴随着活性炭罐电磁阀的开启，混合气会被加浓，氧传感器的电压就会上升；当燃油蒸汽控制系统不正常时，尽管活性炭罐电磁阀开启，混合气也不会被加浓，氧传感器的电

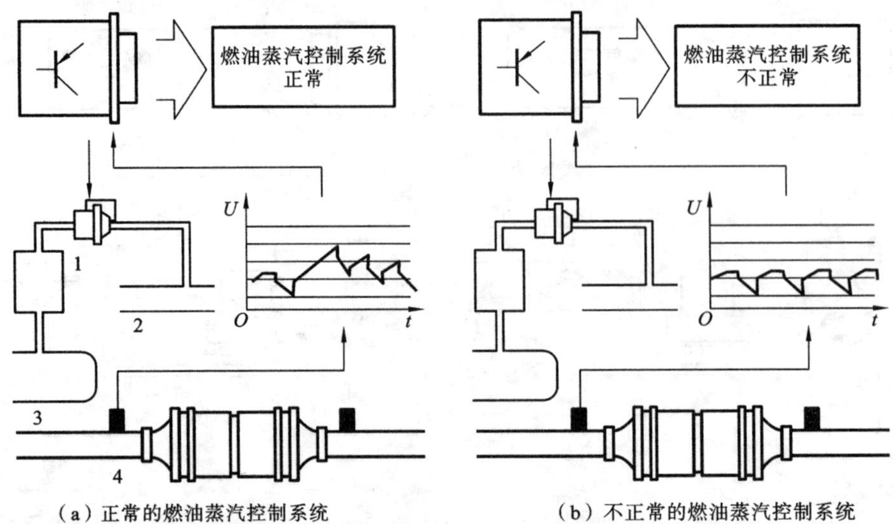

图 1-20　用氧传感器信号对燃油蒸汽控制装置进行诊断

压就不受燃油蒸汽控制系统的影响。

随着车辆的使用，一些橡胶元件会老化，导致燃油蒸汽控制系统密封不严，有汽油蒸汽排向大气中，因此要对燃油蒸汽控制系统进行泄漏诊断，如图 1-21 所示。为了更好地检测该系统的密封性，在普通的燃油蒸汽控制系统中又增加了系统诊断空气泵和空气泵用的过滤器。系统诊断空气泵是一个执行器，同时又是一个传感器。作为执行器时，它是一个空气泵，用来产生气体压强；作为传感器时，又是一个压力传感器，用来检测系统压力降低情况。

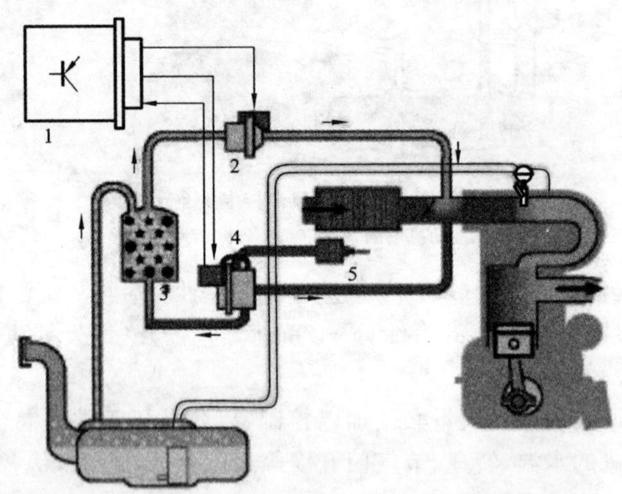

图 1-21　燃油蒸汽系统泄漏诊断

1—发动机电脑；2—电磁阀；3—活性炭罐；4—系统诊断空气泵；5—过滤器

当系统处于诊断过程时，通过活性炭罐电磁阀将真空管与燃油蒸汽系统隔绝，通过系统诊断空气泵对燃油蒸汽系统加压，发动机电脑将检测燃油蒸汽系统中的气体压力，从而判断系统的密封性能（见图 1-22）。

系统诊断空气泵（见图 1-23）有三个接头，其中最上端连接发动机节气门后方的真空管，

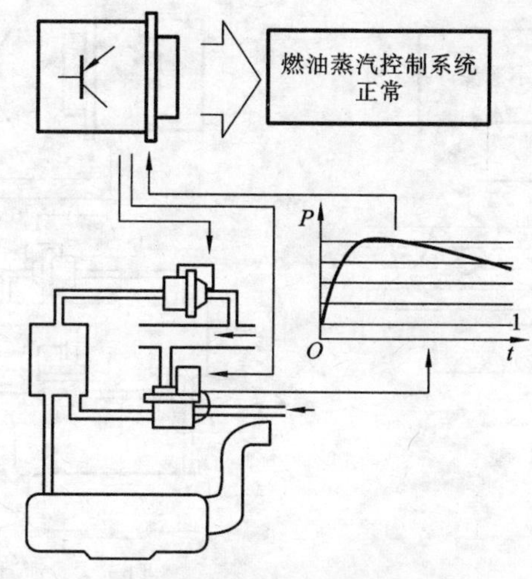

图 1-22　燃油蒸汽控制系统正常

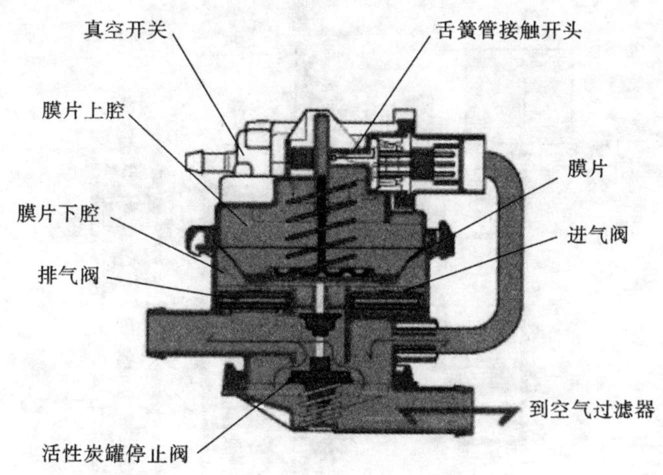

图 1-23　燃油蒸汽系统诊断空气泵

左下端接头连接燃油蒸汽控制系统，右下端接头连接空气过滤器。真空开关得电将真空引入膜片上腔，因此膜片向上移动的动力源为发动机真空。膜片向下移动时，在真空开关失电后，膜片在弹簧作用下向下移动，增加气体压强，同时为了使膜片上腔不产生真空吸力，必须在膜片上腔引入空气进行压力平衡，空气将由空气过滤器通过连接管道到达膜片上腔，从而便于膜片向下移动，对系统进行加压。当燃油蒸汽控制系统密封不良时，膜片下移距离很大，此时，安装在系统诊断空气泵上端的舌簧管接触开关就会闭合，向发动机电脑发出反馈指令，发动机电脑发出指令再次将膜片上拉和向下释放、加压。如此反复，发动机就可以根据膜片上下移动的频率来确定系统是处于微小泄漏还是大量泄漏。如图 1-24(a)所示，若频率变化较小，则发动机电脑根据频率可以判断此系统为微小泄漏；如图 1-24(b)所示，若频率变化较大，则可判断此系统为大量泄漏。

5. 发动机失火检测系统

发动机失火检测系统如图 1-25 所示。当发动机点火系统发生损坏时，吸入缸内的混合气

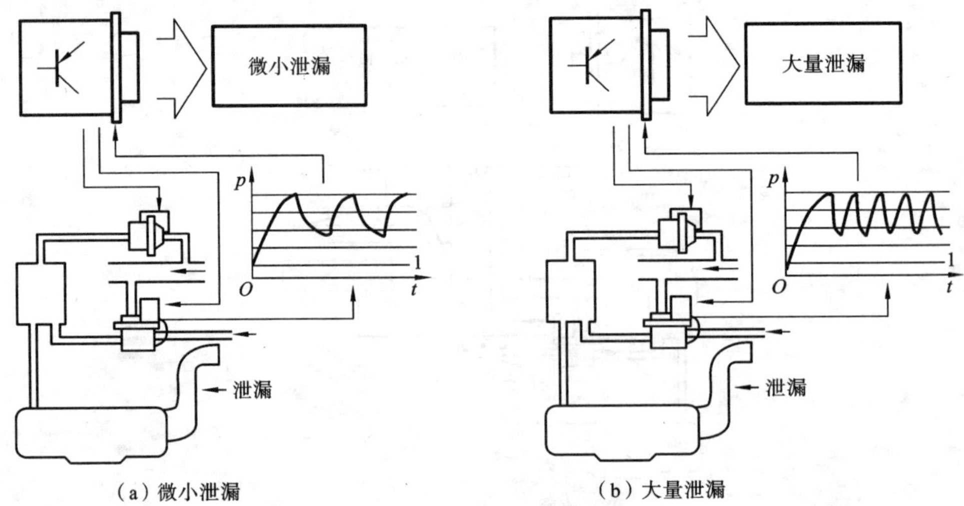

（a）微小泄漏　　（b）大量泄漏

图 1-24　燃油蒸汽控制系统泄漏检测

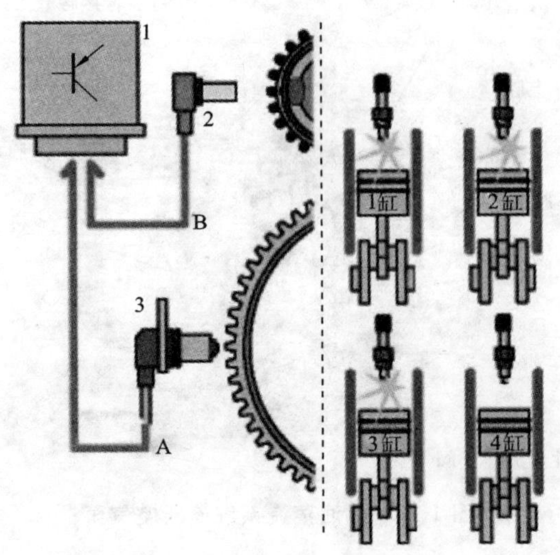

图 1-25　发动机失火检测系统

1—发动机电脑；2—凸轮轴转速位置传感器；3—气缸；

A—曲轴转速信号；**B**—凸轮轴位置信号

不能及时被点燃，大量的 HC 便直接排出气缸。一部分 HC 在排气管中发生燃烧，导致三元催化转换器损坏；另一部分 HC 没有完全燃烧便直接排向大气中。

OBD-Ⅱ在发动机运行过程中监控发动机的失火率，每次检测周期为 1000 转曲轴转数。HC 含量超出正常的 1.5 倍时相当于发动机的失火率达 2%。

发动机失火会导致发动机曲轴转速不稳。根据这一特性，发动机电脑根据发动机的曲轴转速传感器来监控发动机曲轴旋转平稳情况。发动机失火会改变曲轴的圆周旋转速度。通常发动机转动不是匀速的，每缸在做功时都有一个加速，不做功就没有加速。四缸机每转动 720°应有 4 个加速。

正常情况下，发动机压缩、做功，先是减速后是加速，属于正常现象。当发动机失火时，除

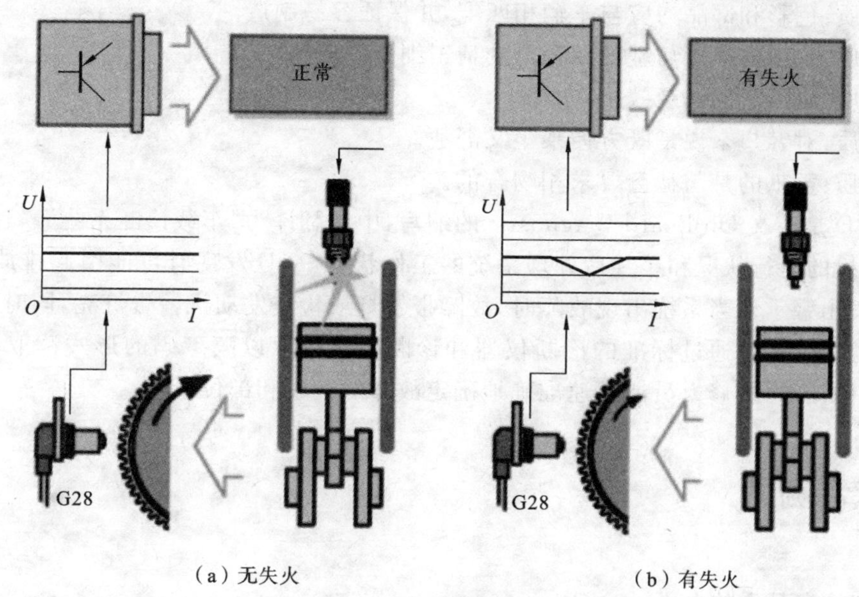

图 1-26　发动机失火检测系统工作原理

了发动机压缩期间转速瞬时有所减缓外，由于发动机失火，缺乏做功时的加速，因此发动机失火时的转速波动极大。发动机电脑可以通过安装在曲轴上的转速/位置传感器来感知瞬时的角速度变化情况，从而确定哪一缸出现失火。

四、第三代车载故障诊断系统

OBD-Ⅱ技术先进，对探测排放状况十分有效。当发现故障报警灯点亮时，应立即将车送到维修站进行检修。但对于驾驶者是否接受故障报警灯的警告，OBD-Ⅱ是无能为力的，而第三代车载故障诊断系统(OBD-Ⅲ)解决了这个问题。

OBD-Ⅲ的主要目的是使汽车的检测、维护和管理合为一体，以满足环境保护的要求。OBD-Ⅲ会分别进入发动机、变速器、ABS 等系统 ECU 中读取故障码和其他相关数据，并利用小型车载通信系统，如 GPS 导航系统或无线通信方式将车辆的身份代码、故障码及所在位置等信息自动通告管理部门，管理部门根据该车辆排放问题的等级对其发出指令，包括去哪里维修的建议，解决排放问题的时限等，还可对超出时限的违规者的车辆发出禁行指令。因此，OBD-Ⅲ系统不仅能对车辆排放问题向驾驶员发出警告，而且还能对违规者进行惩罚。

项目小结

(1) 汽车品质从产品品质到服务品质，再到品牌品质，演绎了汽车品质的“三部曲”，也对“品质”赋予了全新的内涵。在当前新产品层出不穷、同质化竞争日益严重的中国车市，驱动产业重心向“品质”转移，尤其是向服务品质、品牌品质转型，对于中国汽车产业本身的转型升级具有深远的意义。

(2) 品质的种类如下。

设计品质:色彩和部品均应与车辆相匹配,并保证容易制造。

制造品质:工序内采用与基准相符合的精工细作方法。

出厂品质:出厂时的外观效果。

使用品质:对客户来说是既方便乘坐又舒适。

社会品质:贡献的是与社会要求相吻合的。

(3) OBD是英文On-Board Diagnostic的缩写,中文翻译为"车载诊断系统"。这个系统随时监控发动机的运行状况和尾气后处理系统的工作状态,一旦发现有可能引起排放超标的情况,会马上发出警示。当系统出现故障时,故障报警灯或检查发动机警告灯亮,同时OBD会将故障信息存入存储器,通过标准的诊断仪器和诊断接口可以以故障码的形式读取相关信息。根据故障码的提示,维修人员能迅速准确地确定故障的性质和部位。

综合测试

1. 简述汽车品质的含义。

2. 简述OBD的作用。

3. 简述OBD的发展趋势。

X-431 解码器识别

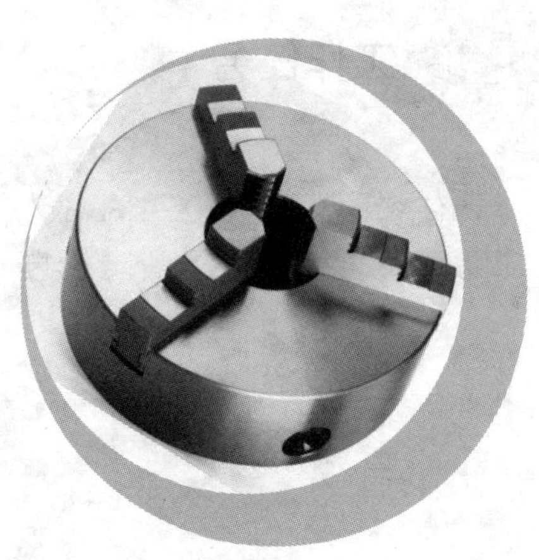

项目情景

一新车刚跑了 300 公里，发动机的故障报警灯总是亮起(见图 2-0)，第一次在 4S 店维修，卸掉电瓶负极，隔 2 min 后装上，灯熄灭，可是第二天又亮了，这总是让人揪心啊，于是又到 4S 店进行检修，经过技术人员的检查，初步判断是电控系统出了问题。你作为未来的维修人员，应用 X-431 诊断设备找出故障点。

图 2-0　水温报警灯亮

本项目主要对 X-431 汽车故障诊断设备的认识、使用、注意事项、保养等作相应的介绍。

工作任务

任务一　认知 X-431 故障诊断仪

任务二　X-431 故障诊断仪的使用方法

任务一

认识 X-431 故障诊断仪

任务描述

X-431 汽车故障诊断仪是深圳市元征科技股份有限公司(简称元征)生产的最新一代汽车诊断仪,它是汽车电子应用技术和信息网络技术完美集成的产品。所采用的“开放式汽车诊断技术”是由元征率先在全球提出并倡导的最新汽车诊断技术,而且“开放式汽车诊断技术”代表着当今世界汽车诊断技术的最高水平,同时也是汽车诊断技术未来的发展方向和最佳解决方案。图 2-1 所示的是元征X-431诊断仪。

图 2-1 元征 X-431 诊断仪

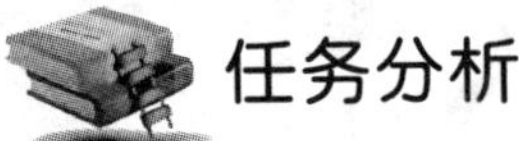

任务分析

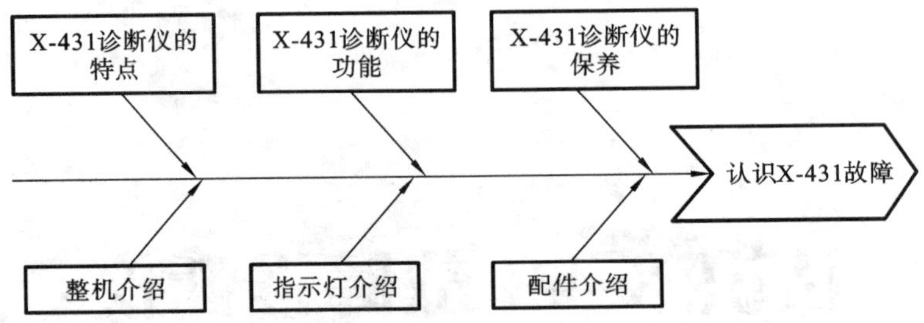

任务实施

实施一 任务准备

汽车维修手册、万用表、X-431诊断仪、诊断仪使用说明书、互联网资源、车辆、多媒体设备。

实施二 任务实施

(1) 阅读X-431诊断仪使用说明书，说明X-431各部分的作用，如图2-2所示。

图2-2　X-431诊断仪

(2) X-431诊断仪操作界面如图2-3所示。

(3) 诊断仪的功能有________。

① 读取故障码；② 清除故障码；③ 读取发动机动态数据流；④ 示波功能；⑤ 元件动作测试；⑥ 匹配、设定和编码等功能；⑦ 英汉辞典、计算器及其他辅助功能

(4) X-431诊断仪有____________________等特点。

① 通用性；② 网上升级；③ 广泛性；④ 先进性；⑤ 综合性；⑥ 灵活性

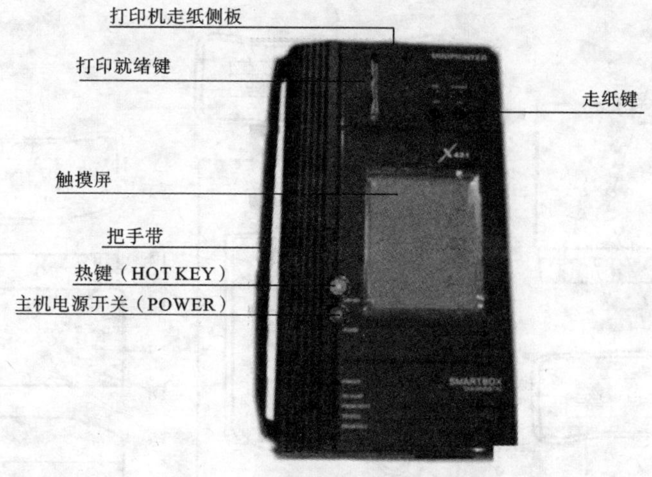

图 2-3 X-431 诊断仪操作界面

实施三 任务检测

1. X-431 整机介绍

X-431 的主体部分包括三大件：主机、SMARTBOX（______）和 MINIPRINTER（______）。这三大件各自具有独立的功能和作用，是通过插接件组合为一个整体的，外面加上真皮保护外套，防止松动和磨损。除此之外，X-431 还配有一些进行汽车诊断和网上升级所需的附件，如测试主线、电源线、开关电源、CF 卡、CF 卡读/写器，以及各种测试接头等，如图 2-4 所示。

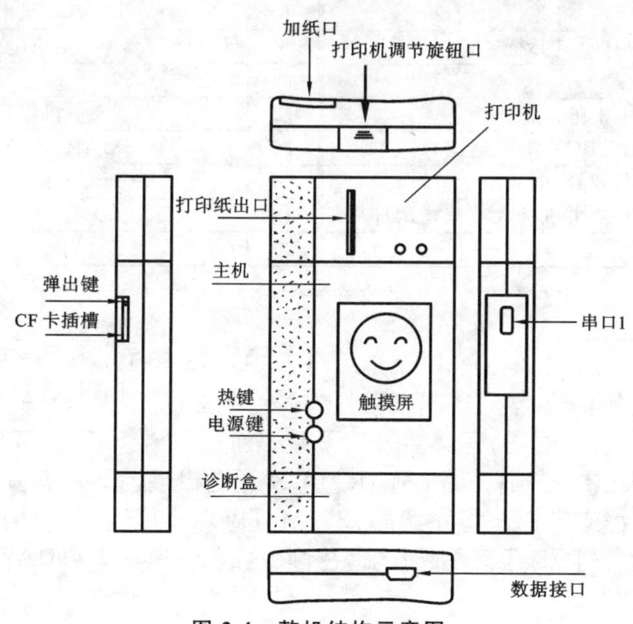

图 2-4 整机结构示意图

2. X-431 接口及指示灯说明

X-431 接口及指示灯示意图如图 2-5 所示，其功能如表 2-1 所示（填写表格中空白处的内容）。

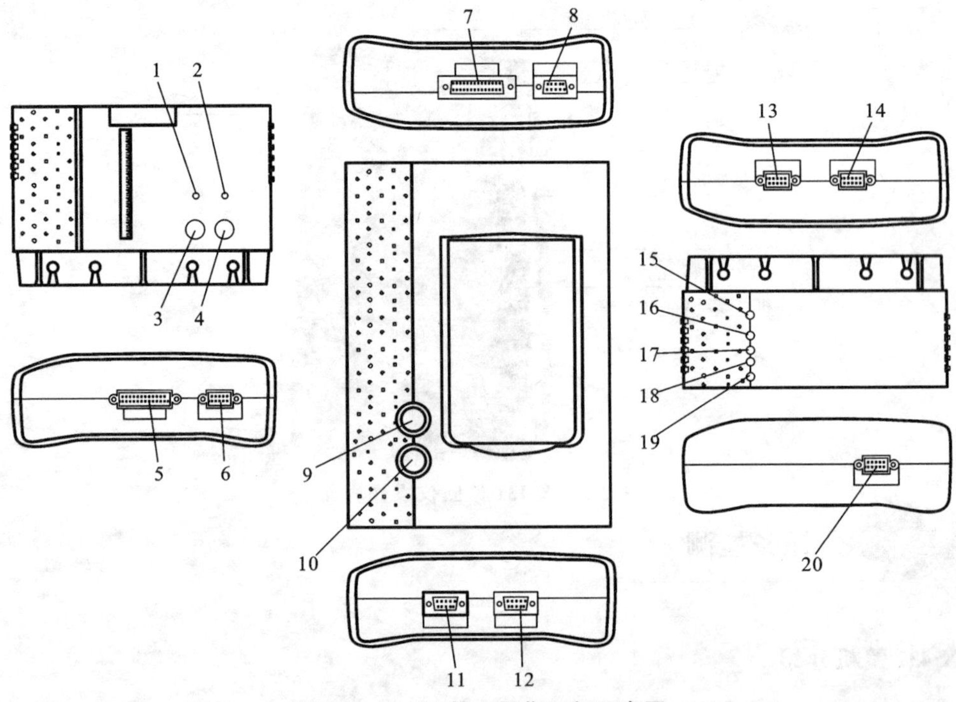

图 2-5 X-431 接口及指示灯示意图

表 2-1 X-431 接口及指示灯功能

1	打印机 SEL 灯(打印就绪指示灯)	2	
3	打印机 SEL 键(打印就绪键)	4	打印机 LF 键(走纸键)
5	打印机与主机并行通信口	6	打印机电源输入
7	主机与打印机并行通信口	8	主机电源输出
9		10	
11	主机电源输入	12	主机串行通信口
13	SMARTBOX 电源输出	14	SMARTBOX 串行通信口
15	SMARTBOX 电源指示灯	16	SMARTBOX 向主机发送数据指示灯
17	SMARTBOX 从主机接收数据指示灯	18	
19		20	SMARTBOX 数据接口

特别提示

SMARTBOX 上有四个工作状态指示灯 16、17、18 和 19(见图 2-5),在用 X-431 进行诊断时应充分利用这四个灯来观察和判断 X-431 主机,以及 SMARTBOX 和汽车电控单元间的通信状况。例如,在诊断开始下载诊断程序到 SMARTBOX 时,这时指示灯 17 应该亮起,如果不亮则表明 SMARTBOX 和主机接触不好或 SMARTBOX 本身有问题;在诊断过程中选择车型系统后,SMARTBOX 应该向汽车相应系统电控单元发送数据,这时指示灯 18 应该亮起;同理在读取数据流过程中 SMARTBOX 要接收来自汽车电控单元数据。

3. X-431 配件介绍

X-431 的通用配件在每款机器上均相同,而根据不同用户 X-431 的诊断软件、测试接头等则有所不同，详细情况请向当地经销商咨询。详细配置可查阅随机配发的 X-431 配置装箱单。表 2-2 所示的为 X-431 通用配件。

表 2-2　通用配件名称

名　称	说　明
X-431 主机	主机屏幕可显示操作按钮、测试结果和帮助信息
迷你打印机	打印测试结果
CF 卡	存储诊断程序和数据
USB 电缆	连接 CF 卡读/写器和电脑
CF 卡读/写器	读取和存储数据
测试接头	用于连接汽车诊断座，每套 X-431 含有多种不同测试接头
电源转接线	连接 100～240 V 交流电源插座和开关电源
点烟器线	从汽车点烟器获取电源
双钳电源线	从汽车电瓶获取电源
开关电源	将 100～240 V 交流电源转换为 12 V 直流电源
测试主线	连接测试接头和 SMARTBOX
SMARTBOX	诊断测试盒
触摸笔	使用手写笔进行点击操作 X-431 各界面按钮

特别提示

(1) 本诊断电脑额定工作电压为 12 V，而朝柴动力车诊断座电源电压为 24 V，请务必使用该专用诊断电脑提供的 24 V 转 12 V 诊断接头和转接头，否则可能烧坏设备！

(2) 不论发动机是否在运转，只要在点火开关接通时，决不可断开正在工作的12 V 的电气装置 。下列为不能断开的部分电气装置：蓄电池的任一电缆线、混合气控制电磁阀、怠速控制装置(步进电动机)、电子喷油器、二次空气喷射电磁阀(气泵电磁阀)、点火装置的导线、电脑的 PROM(可编程只读存储器)、任何电脑的导线、鼓风机、导线连接器及空调离合器导线等。

(3) 跨接启动其他车辆或用其他车辆跨接启动本车时，须先断开点火开关，才能拆装跨接蓄电池电缆线。

4. X-431 诊断仪保养与维护

◆ 不要将 X-431 放于阳光直射、靠近高温处，以及有水、油溅入之处。

◆ 如长时间不进行测车操作，应定期运行一下 X-431，以免受潮。

◆ 勿在主机上放置任何异物，避免重压而导致内部元件损坏。

◆ 不要将 X-431 置于有磁场干扰的环境。

◆ 切勿在运行主机时将 CF 卡拔出。

◆ 请在关机后拔出 CF 卡。拔出后请注意防磁，主机要尽量远离磁场，不要频繁地开关 X-431 主机。

◆ 选择校准触摸屏后，请不要在未出现十字光标提示前点击触摸屏。

◆ 打印纸属于消耗品，注意及时更换。使用 30 mm×57 mm(内孔为 ϕ7 mm)的热敏打印纸。

◆ 点击屏幕时最好用触摸笔，请勿用手指甲及尖锐的物品(硬物)碰触屏幕表面，以免刮伤。

实施四 任务评价

任务评价表

班级： 组别： 姓名：

<table>
<tr><td rowspan="2">项目</td><td rowspan="2">评价内容
（请在对应条目的○内打“√”或“×”，不能确定的条目不填，可以在小组评价时让本组同学讨论并写出结论）</td><td colspan="3">评价等级（学生自评）</td></tr>
<tr><td>A
全部为
√</td><td>B
有一至
三个×</td><td>C
有多于
三个×</td></tr>
<tr><td rowspan="3">关键能力自评</td><td>○按时到场 学习期间不使用手机、不玩游戏○
○工装齐备 未经老师批准不中途离场○
○书、本、笔齐全 无违规操作○
○不追逐打闹 无早退○
○接受任务分配 先擦净手再填写工作页○
○不干扰他人工作</td><td></td><td></td><td></td></tr>
<tr><td>○工作服保持干净 无安全事故发生○
○私人物品妥善保管 使用后保持工具整齐干净○
○工作地面无脏污 能及时纠正他人危险作业○
○工作台始终整洁 废弃物主动放入相应回收箱○
○无浪费现象 未损坏工具、量具及设备○
○参与了实际操作</td><td></td><td></td><td></td></tr>
<tr><td>○课前有主动预习 本小组工作任务能按时完成○
○与本组同学关系融洽 主动回答老师提问○
○积极参与小组讨论 能独立规范操作○
○接受组长任务分配 能主动帮助其他同学○
○能独立查阅资料 不戴饰物，发型合规○
○工装穿戴符合要求</td><td></td><td></td><td></td></tr>
<tr><td>专业能力自评</td><td>○能按时完成工作任务 能独立完成工作页○
○工量具选用准确 没有失手坠落物品○
○无不规范操作 指出过他人的不规范操作○
○完成学习任务不超时 暂时无任务时不无所事事○
○学习资料携带齐备 工作质量合格无返工○</td><td></td><td></td><td></td></tr>
<tr><td>小组评语及建议</td><td>他（她）做到了：

他（她）的不足：

给他（她）的建议：</td><td colspan="3">组长签名：

年 月 日</td></tr>
<tr><td>教师评价及建议</td><td></td><td colspan="3">评价等级：

教师签名：

年 月 日</td></tr>
</table>

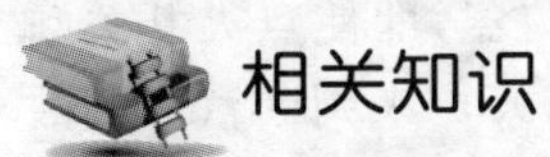

相关知识

知识一 X-431 工作原理

X-431 涉及汽车及计算机技术。具体地说，它是用计算机技术对汽车内部各电控系统进行自动化检测的，检测结果以文字、数据、波形等形式显示在液晶显示屏上，也可打印出来。使用者可根据显示的信息了解汽车故障的类型、产生原因、发生故障的位置从而检修汽车，还可清除汽车 ECU 的故障码记录。

X-431 是基于 Linux 平台使用 SMARTBOX 的汽车诊断技术。它可对世界上多个厂家制造的、多种型号的汽车进行检测。应用本装置，可以完成许多人工难以进行的汽车检修工作，并使汽车检修工作电脑化、自动化。

知识二 X-431 的工作过程

X-431 的工作流程如图 2-6 所示。

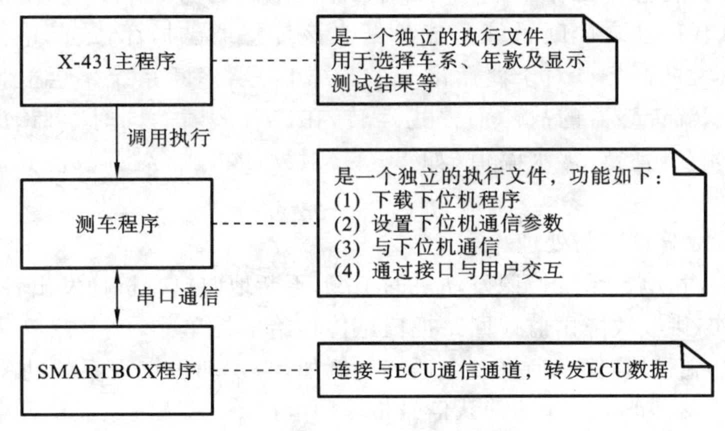

图 2-6 X-431 工作流程图

知识三 电控汽车故障自诊断系统

一般装有汽车控制电脑(ECU)的汽车，都具有故障自诊断系统。自 1979 年美国通用汽车公司率先在其汽车电控系统中采用故障自诊断功能后，世界上的各大汽车厂商纷纷效仿，在各自生产的汽车上都配备了故障自诊断系统。该系统可以用来对汽车内传动系统、控制系统各个部分的工作状态进行自动检查和监测。当汽车出现故障时，装在仪表板上的故障指示灯就会闪亮，以警告驾驶员汽车可能出问题了，按一下按钮，故障代码(一般用2位或3位数字代表不同的故障)就在仪表板上显示出来。同时此故障信号将被存入存储器，即使点火开关断开、故障排除、故障指示灯熄灭，故障信号仍将保留在存储器中以供维修人员来判断汽车的故障所在。故障自诊断功能，已经成为新车出厂和修理厂故障检测不可缺少的重要手段。经过几十年的发展，故障自诊断模块不仅能够解决汽车电控系统的安全性和存储记忆汽车故障，还能够实时提供汽车各种运行参数。

知识四 故障自诊断系统工作原理

汽车自诊断系统的构成与电控系统相似，其核心也是电控单元。自诊断系统主要对汽车工况参数的输入信号(传感器)及其相应电路、执行器及其相应电路和电控单元本身进行诊断。当系统发现输入信号、输出信号超出规定的范围，或相应电路有短路、开路等故障影响汽车驾驶性能，或超出排放标准等时，便设置相应的故障码，并将其存入自诊断系统电脑的存储器内，同时点亮仪表板上的故障指示灯，提醒驾驶员及时进行调整或维修。

现以电控汽油喷射系统为例，说明汽车自诊断系统的工作原理，该电控系统一旦发生故障，其诊断与处理过程如下。

(1) 传感器系统故障诊断与处理。

在发动机运转时.如果传感器输出电路的信号电压超出规定的范围，诊断系统即判定为故障。例如，水温传感器工作正常时，其输出电压在 0.3～4.0 V 范围内，否则即被诊断为故障，并记录其代码。自诊断系统只能诊断出该传感器已损坏，或其电路发生短路或断路，但无法确认其性能好坏。对于偶然出现的异常信号，诊断系统不会立即判为故障。为了使发动机不因水温传感器的故障而停止运转，在出现故障的同时，自诊断系统的电控单元会立即采用预先存储的正常水温值(如 80 ℃)对发动机进行控制，使其能维持一定水平的工作能力。

(2) 执行系统故障诊断与处理。

在发动机运转时，电控系统按照发动机的工况，不断地向执行机构发出各种指令。若执行系统不能正常工作，则其故障由监控回路把信息传输给电控单元，由电控单元进行故障显示，并及时采取相应措施，以确保发动机安全运转。例如，当发动机点火系的功率管工作异常时，其点火监控回路就没有正常工作的确认信号传输回电控单元，这时电控单元会发出报警信号，并向执行系统发出停止喷油指令，以防未点燃的混合气进入排气系统的触媒净化装置，造成该装置的损坏。

(3) 电控单元故障诊断与处理。

电控单元内设有监控回路，用于监控电控单元是否按正常的控制程序工作。在监控回路内设有监视时钟，按时对电控单元进行复位；当电控单元发生故障时，程序不能正常执行，时钟不能使电控单元复位，造成溢出，据此即判为故障，并予以显示。为了防止电控单元出现故障时汽车被迫停驶，在电控单元内备有应急回路。在应急回路收到监控回路发出的异常信号后，便立即启动备用的简单控制程序，使发动机各种工况的喷油量与点火时刻均按原设定的程序进行控制，从而保证汽车仍维持一定的运行能力。

知识五 故障代码简介

故障代码(简称故障码)是汽车控制电脑的自诊断系统对检测出的故障点所记录下的相应编码(数字或字母)。故障代码分析是在读取故障代码的基础上,结合其他检测结果如数据流、动作测试等对所读取的故障代码进行比较分析,从而作出故障判断的一种方法。它是汽车电子控制系统故障诊断中最基本也是最简单的方法之一。故障代码分析的过程是对汽车控制电脑故障自诊断系统所记录的故障代码进行读取、清除和鉴别分类的分析过程。故障代码分析是诊断汽车电子控制系统故障的第一步。

1. 故障的分类

故障有两种:一种是间歇性的故障,它的特点是时有时无;另一种是持续性的故障,它的特点是一旦发生就持续存在。在故障诊断中,间歇性故障又称为软故障(有些厂家称为延续或历史的故障),而持续性故障则称为硬故障。间歇性故障可能重现,但它的发生常常没有规律可循,重现的时间长短也不确定。持续性故障则始终存在。因此,持续性故障比较容易判断,而间歇性故障则难以判断。要重现间歇性故障的状态,有时很困难,可能需要很长时间来捕捉间歇性故障的重现或需要人为地创造可重现故障的条件,如加热、晃动等,同时又需要 X-431、示波器等检测设备来捕捉故障出现瞬间各种数据参数的变化才可以诊断出间歇性故障。

2. 故障和故障现象以及故障码的关系

在大多数情况下,若有故障码存在,则确实会存在故障,并伴随有不同程度的故障症状。例如,空气流量计(MAF)的故障码表明空气流量计有故障,空气流量计信号出现故障,会产生明显的故障现象,如发动机加速不良、动力性下降、排放超标等。但有些故障的故障症状并不明显,若出现空气温度传感器的故障码,则表示空气温度传感器信号可能有短路或断路故障发生,但这个故障所带来的影响往往单凭驾驶感觉不一定能发现。而在某些情况下,有故障码不一定有故障,这主要是因为:① 外界各种干扰源的干扰;② 检测人员的误操作;③ 相关故障的影响;④ 虚假的故障码等。在这些情况下,当有故障症状出现时,一定有故障,但不一定有故障码,因为故障码是由控制电脑的自诊断系统定义的,凡不受控制电脑约束的故障点,均无法定义故障码。例如,未被控制系统监测的机械性故障或参数数值漂移但又未超出设定条件的,自诊断系统就无法识别,但发动机会表现出工作不良的故障症状。另外,实际上一个控制系统在出厂时,设计人员只能按照设计要求,根据传感器和执行器及控制电脑可能出现的问题,以及试制和实验过程中出现的各种故障对故障码进行标定,它没有也不可能包含实际运行中可能出现的所有故障。所以我们常讲,有故障码不一定有故障,没有故障码不一定没有故障。

任务拓展

请说出 X-431 诊断设备的作用有哪些。

____

____

____

____________________________。

任务二

X-431 故障诊断仪的使用方法

任务描述

如何运用 X-431 诊断仪去查找故障代码及读取数据流并分析(见图 2-7),是一个汽车修理工必备的基础技能,只有能够读取相应的故障码(见图 2-8),才能对车辆的故障进行初步判断。本任务主要内容是如何正确地使用 X-431 诊断仪读取故障码。

图 2-7　X-431 诊断仪检测故障代码

图 2-8　维修人员检测故障代码

任务分析

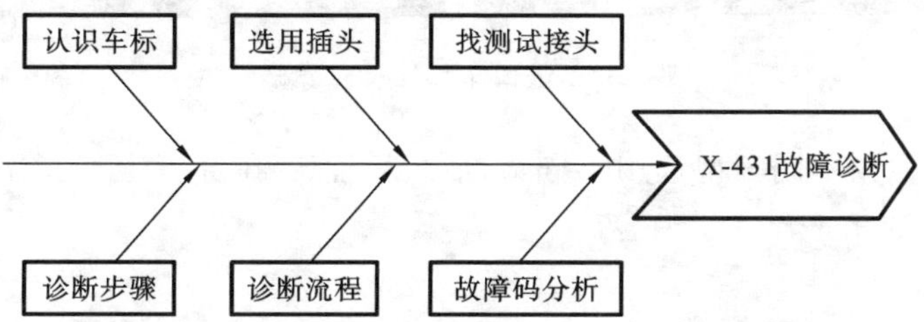

任务实施

实施一 任务准备

汽车维修手册、万用表、X-431 诊断仪、诊断仪使用说明书、互联网资源、车辆、多媒体设备。

实施二 任务实施

(1) X-431 汽车诊断程序都以该车型车标图形作为按钮,点击与汽车相应的图标即可进行该汽车诊断。熟悉这些图标有助于您快速进入汽车诊断。图 2-9 所示的是各种进口车系图标,图 2-10 所示的是各种国产车系图标。

图 2-9 进口车系图标一览表

(2) 检测时要根据不同车型选用不同诊断插头,然后在屏幕上选择所要测试的车型,测试所要测试的项目,补齐表 2-3 中内容。

图 2-10　国产车系图标简介

表 2-3　各车型诊断插头

车型代号	车型品牌	诊断插头
AUDI -4	奥迪	
中华轿车-16	中华轿车	
HAIMA-17		

续表

车型代号	车型品牌	诊断插头
SMART OBDII-16		
BENZ-38		
BMW-20		
FORD-20		
吉利-22		

续表

车型代号	车型品牌	诊断插头
TOYOTA-16		
HONDA-5		
GM/VAZ-12		

(3) 在实习车辆或实验台架上找到诊断测试插头(见图 2-11),并与 X-431 诊断仪连接好。

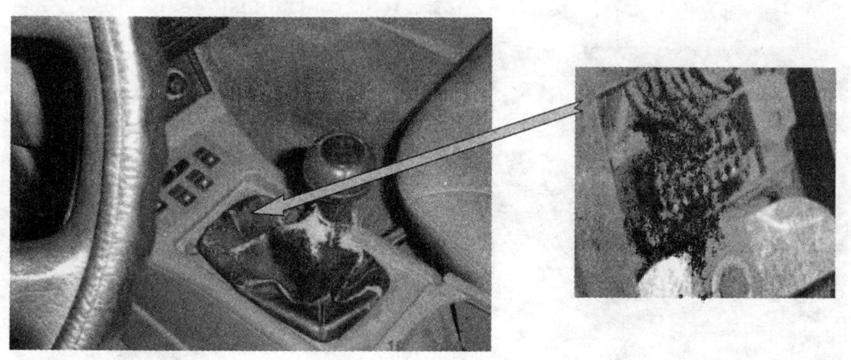

桑塔纳2000，变速杆防尘罩下，16针，选用SMART OBD-II-16测试接头

图 2-11　各车型的诊断测试插头

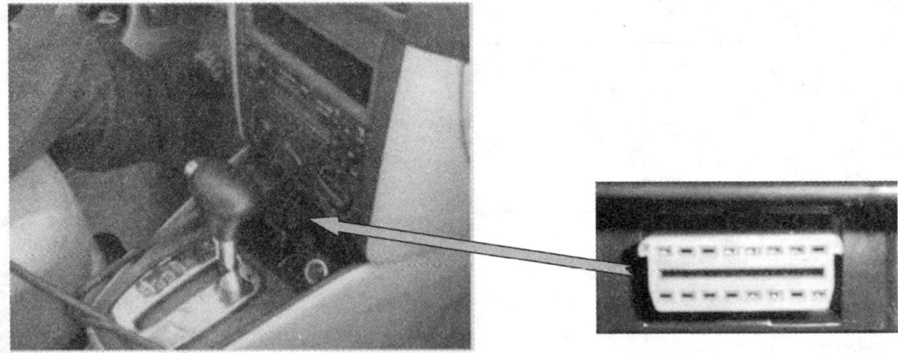

大众宝来1.8，中控台下方，16针，选用SMART OBD-II-16测试接头

天津威弛，仪表板下侧，16针，选用SMART OBD -II-16测试接头

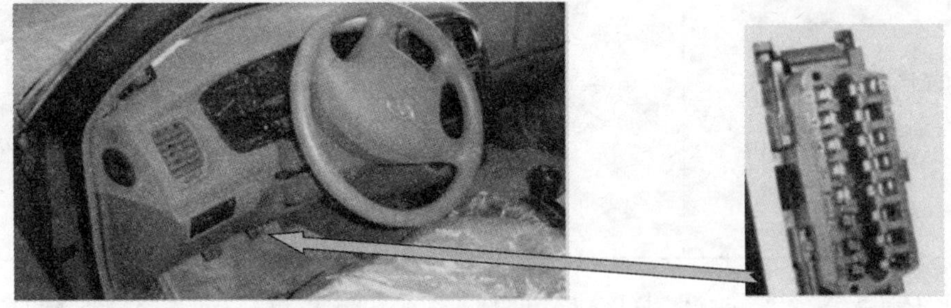

北京现代索纳塔，仪表板下，16针，选用 SMART OBD-II-16测试接头

海南马自达，发动机室左前侧，17针，选用海南马自达-17F测试接头

续图 2-11

实施三　任务检测

(1) 查询并解释。

① OBD-Ⅱ-16 的含义：

② 汽车测试插头一般设置在车身的 8 个地方：

(2) 将 X-431 诊断仪与诊断插头连接，并操作。

在车上找到诊断座；选用相应的诊断接口，连接 X-431 诊断仪(见图 2-12)；根据车型，进入相应诊断系统(见图 2-13)；读取故障码；查看数据流；诊断维修之后清除故障码。具体详细步骤(见表 2-4)为：

找到诊断座；选用相应的诊断插口→________→________→________→________→________→________→________→________。

图 2-12　连接诊断仪

图 2-13　进入诊断仪系统

表 2-4　X-431 诊断仪诊断步骤

步骤	图示	步骤	图示
(1) 进入系统		(2) 选择车型	

续表

步骤	图示	步骤	图示
(3) 选择版本	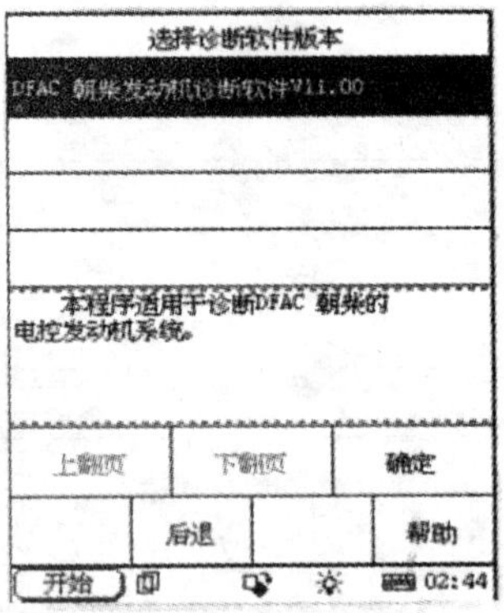 选择诊断软件版本 DFAC 朝柴发动机诊断软件V11.00 本程序适用于诊断DFAC 朝柴的电控发动机系统。 上翻页 下翻页 确定 后退 帮助 开始 02:44	(4) 选择系统	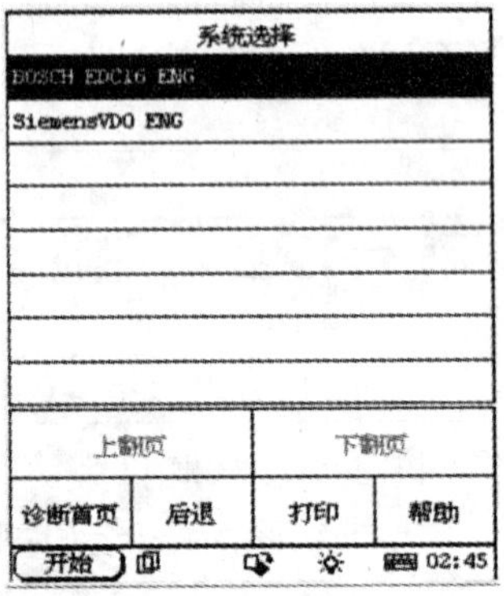 系统选择 BOSCH EDC16 ENG SiemensVDO ENG 上翻页 下翻页 诊断首页 后退 打印 帮助 开始 02:45
(5) 选择功能	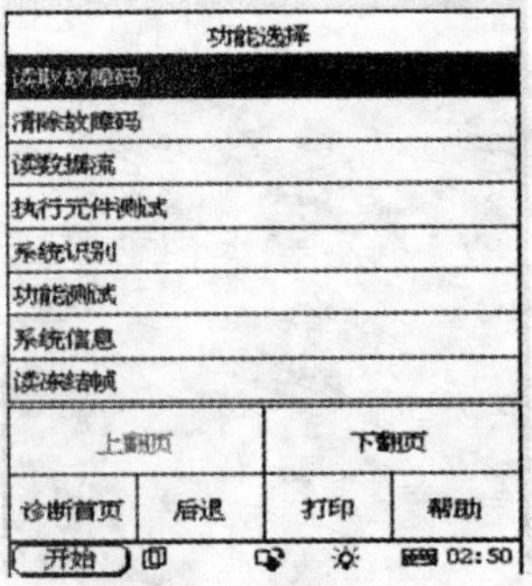 功能选择 读取故障码 清除故障码 读数据流 执行元件测试 系统识别 功能测试 系统信息 读冻结帧 上翻页 下翻页 诊断首页 后退 打印 帮助 开始 02:50	(6) 读取故障码	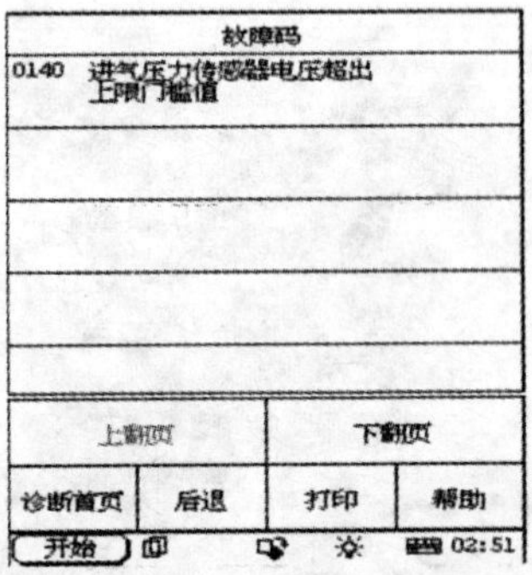 故障码 0140 进气压力传感器电压超出上限门槛值 上翻页 下翻页 诊断首页 后退 打印 帮助 开始 02:51
(7) 排除故障		(8) 清除故障码	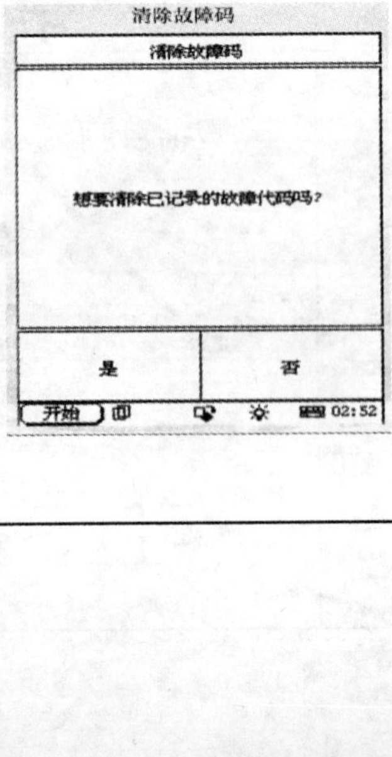 清除故障码 清除故障码 想要清除已记录的故障代码吗？ 是 否 开始 02:52

实施四 任务评价

任务评价表

班级： 组别： 姓名：

<table>
<tr><td rowspan="2">项目</td><td rowspan="2">评价内容
（请在对应条目的○内打“√”或“×”，不能确定的条目不填，可以在小组评价时让本组同学讨论并写出结论）</td><td colspan="3">评价等级（学生自评）</td></tr>
<tr><td>A
全部为
√</td><td>B
有一至
三个×</td><td>C
有多于
三个×</td></tr>
<tr><td rowspan="3">关键能力自评</td><td>○按时到场 学习期间不使用手机、不玩游戏○
○工装齐备 未经老师批准不中途离场○
○书、本、笔齐全 无违规操作○
○不追逐打闹 无早退○
○接受任务分配 先擦净手再填写工作页○
○不干扰他人工作</td><td></td><td></td><td></td></tr>
<tr><td>○工作服保持干净 无安全事故发生○
○私人物品妥善保管 使用后保持工具整齐干净○
○工作地面无脏污 能及时纠正他人危险作业○
○工作台始终整洁 废弃物主动放入相应回收箱○
○无浪费现象 未损坏工具、量具及设备○
○参与了实际操作</td><td></td><td></td><td></td></tr>
<tr><td>○课前有主动预习 本小组工作任务能按时完成○
○与本组同学关系融洽 主动回答老师提问○
○积极参与小组讨论 能独立规范操作○
○接受组长任务分配 能主动帮助其他同学○
○能独立查阅资料 不戴饰物，发型合规○
○工装穿戴符合要求</td><td></td><td></td><td></td></tr>
<tr><td>专业能力自评</td><td>○能按时完成工作任务 能独立完成工作页○
○工量具选用准确 没有失手坠落物品○
○无不规范操作 指出过他人的不规范操作○
○完成学习任务不超时 暂时无任务时不无所事事○
○学习资料携带齐备 工作质量合格无返工○</td><td></td><td></td><td></td></tr>
<tr><td>小组评语及建议</td><td>他(她)做到了：

他(她)的不足：

给他(她)的建议：</td><td colspan="3">组长签名：

年 月 日</td></tr>
<tr><td>教师评价及建议</td><td></td><td colspan="3">评价等级：

教师签名：

年 月 日</td></tr>
</table>

相关知识

知识一 诊断步骤流程图

X-431 诊断仪诊断步骤流程图如图 2-14 所示。

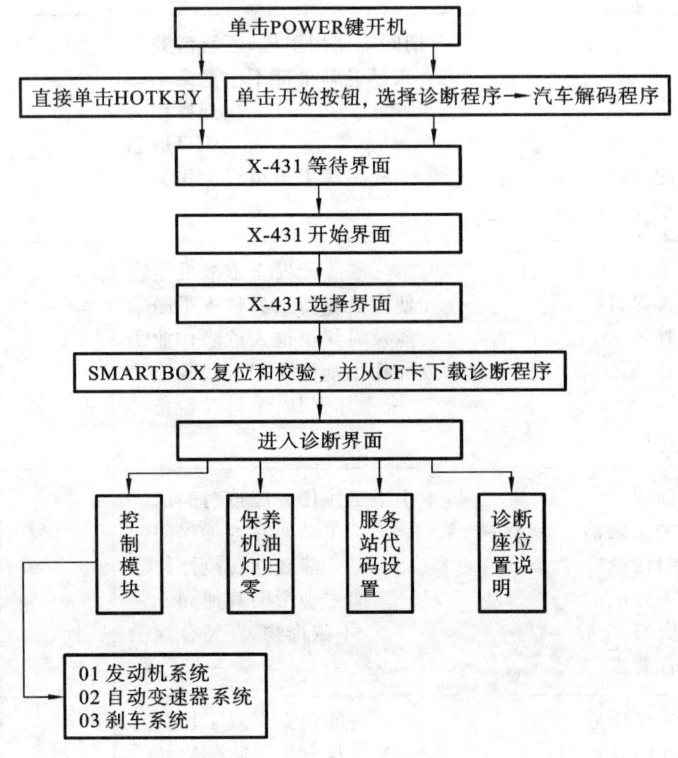

图 2-14 诊断步骤流程图

知识二 故障码的分析步骤

在进行故障码分析时，建议按照以下步骤进行。

(1) 读取并记录(打印)所有故障码。

(2) 使用“清除故障码”功能清除所有故障码。

(3) 确认故障码已被清除(再次读取故障码时应显示无故障码)。

(4) 模拟故障产生的条件进行路试以使故障重现。

(5) 再读取并记录(打印)此时的故障码。

(6) 区分间歇性(软)故障码和当前(硬)故障码。

(7) 区分与故障症状相关的故障码和无关的故障码。

(8) 区分诸多故障码或相关的故障码中的主要故障码(它可能是导致其他故障码产生的原因)。

(9) 按照上述分析,进一步精确地检查故障码所代表的传感器、执行器或控制电脑及相关的电路状态,以便确定故障点发生的准确位置。

以上(7)、(8)、(9)项的内容是故障码分析的重点,也是我们需要进一步检查的方向。在整个分析和检查的过程中,我们应明确非常重要的一点:整个控制系统是由许多子系统(各个传感器、执行器、电源及电脑中的各部分电路等)电路组成的,而每一个子系统电路是由传感器(或执行器)、插接头、线路和电脑内部的子系统电路所组成。因此,反映某个子系统故障的故障码所包含的内容不单是指该传感器(或执行器)出现故障,而是表示该子系统的信号出现不正常的现象,至于不正常的原因则可能出现在组成该子系统的任何一部分——器件、接头、线路或电脑上。所以我们讲故障码为维修人员提供了进一步检测的大方向,但并不能告诉维修人员故障究竟在什么地方。为真正确定故障原因,还需要相应的技术资料(包括电路图、器件位置、标准值等),利用可能的检测手段进一步测量。这是为什么不要以为读到故障码即可修好车的原因。

知识三　故障码诊断过程中的误区

汽车维修人员通过解读故障代码,大多数都能判明故障以及故障可能发生的原因和部位。然而,在对电喷发动机维修时,仅仅靠故障代码寻找故障,往往会出现判断上的失误。在遇到以下三种情况时,故障代码易出现错误信息,希望引起维修人员注意,维修时不要走不必要的弯路。

(1) 汽车运行时故障明显,传感器有故障而自诊断系统没有监测到。电控汽车控制电脑对传感器信号进行检测时,只能接收其设定范围之内的传感器非正常信号,从而判别传感器的好坏,记录或不记录故障代码,一旦解读故障代码后,只要对相应的传感器、导线连接器、导线进行检查,找到并排除短路、断路的故障即可。但是,若某种原因致使传感器灵敏度下降、反应迟钝、输出特性偏移等,则自诊断系统就测不出来了。尽管发动机确有故障表现,但是自诊断系统却输出了正常的无故障码(故障指示灯不闪烁),这时就应该依据发动机的故障征兆进行分析判断,继而对传感器单体进行针对性检测,以便找到并排除传感器故障。

例如,当发动机转速失准并伴有行驶中发动机怠速不稳,但自诊断系统又没有故障代码输出时,首先值得考虑和怀疑的便是空气流量计或者进气压力传感器出了故障,因为这两个传感器性能的好坏,直接影响 ECU 所控制的发动机基本的燃油喷射量。尽管此时没有显示相应的故障代码,也应该对它们进行检查。比如,当翼板式空气流量壳体产生裂纹漏气时,空气流量计就会产生计量不准,使发动机运转失调,而 ECU 的自诊断系统并不能检测到这种故障现象,因此无错误故障码输出。

(2) 由于发动机工况故障现象相似,ECU 监测失误,自诊断系统可能显示错误的故障代码。

例如,对于装有三元催化转换器的电控汽车,一旦使用过含铅汽油,这类故障特性有时较为明显。在汽车进行检测时，经常会发现故障代码显示的是“水温传感器断路或短路”故障，而发动机的转速始终上不去。显然这些故障与水温传感器的关系并不十分密切，在对水温传感器进行单体检测后并未发现任何故障。但从汽车上拆下三元催化转换器并打开后发现，三元催化转换器内部严重堵塞，可以断定发动机故障是由此而引起的。因此，当自诊断系统出现故障代码后，还应该与发动机的实际故障症状进行分析比较，以得到正确合理的判断，不应该将故障代码当作排除故障的唯一依据。

(3) 电控汽车维修不当也可能引发错误的故障代码。在对电控汽车实施维修时，由于维修人员维修不当或者操作失误，也会导致自诊断系统输出错误的故障代码。

例如，在发动机运转过程中，随意或者无意地把传感器插头拔下，每拔下一次传感器插头，自诊断系统就会记录一次故障代码。另外，在上一次汽车维修时，若操作不当未能完全清除掉旧的故障代码，那么控制电脑也同样将原来旧的故障代码保存其内，因此在对电控汽车维修时要加以注意，不应造成不必要的人为故障代码，给维修工作带来混乱和困难。对电脑诊断仪器的使用不能仅仅限于读码、清码，而忽略数据流检测这个最重要的检测方法。其实对于车辆故障的诊断，有时候出现故障并不一定有故障码的出现，如上述的一些情况。这时我们就可以借助数据流分析的方法进行判断。一般通过对数据流的分析，我们会很容易地判断出故障所在部件。

知识四 汽车 ECU 数据流的认识和应用

数据流(数据块)又称为保持帧，它是指含有某一特定时间车辆工作状况的数据块。汽车故障自诊断系统通过传感器时刻监控着汽车的运行，保证汽车的安全运行。ECU 监控的结果是动态的，是随时间变化而变化的一组数据。解码器通过与汽车 ECU 进行通信读取这组动态数据。X-431 为用户提供了强大的数据流读取功能，每款测试软件都可以实时读取所测汽车的数据流，便于维修人员了解汽车的综合运行参数，做定量分析，从而有目的地去检测、更换有关元件。下面以桑塔纳 2000GSi 或捷达 AHP 发动机系统为例，介绍如何正确读取和分析数据流。

故障现象：怠速不稳，加速冒黑烟。

故障诊断与排除：00522 水温传感器断路/对正极短路；传感器断路/对地短路。

记下故障码后清码，重新读码，只有 00522 水温传感器。经查水温传感器的电阻值为 0 Ω，更换后发现故障照旧。至此，故障码作用已尽。

1. 不读数据流诊断方法(假定式)

(1) 怠速不稳，清洗节气门后重做基本设置。

冒黑烟，查油压，正常。清洗喷油器，换汽油过滤器。再次启动发动机，发现仍冒黑烟，但怠速已变平稳。

(2) 由于还冒烟，就更换氧传感器，但无效。

检查火花塞与高压线，高压线正常，火花塞间隙较大且发黑。更换火花塞，试车故障现象减弱，但加速时仍冒黑烟。

(3) 至此，有人说是 ECU 损坏；有人怀疑是点火线圈损坏；也有人说是气门正时不当或是空气流量计损坏……

本着从简到繁、从不换件到换件的程序，首先检查配气正时，良好，然后更换点火线圈，无效，最后更换空气流量计，故障消除。

2. 读数据流诊断方法(以桑塔纳 2000GSi 为例)

对于排气管冒黑烟且怠速不稳的发动机，可读 01、02 组和 07 组的数据流。

从 07 组数据流读到：混合气 λ 控制为 −23%（正常是 −10%～10%），λ 传感器电压为 0.6～0.8 V（正常是 0.1～1.0 V）。这说明混合气确实过浓，已远远超过了 λ 控制的能力。

从 02 组数据流读到：发动机负荷 2.8 ms（正常是 0～2.5 ms）；发动机每循环喷射流量为5.8 g/s（正常为 2.0～4.0 g/s）。

从 01 组数据流读到：节气门开度角为 4°～5°（正常是 0～5°），4°虽未超限，也偏大。

怠速时，由于节气门位于怠速位置，ECU 又力求按怠速来调节发动机转速，所以 λ 控制超限。而进气流量过大，ECU 认为是发动机负荷大，又不会减少喷油量(即喷射持续时间)，导致怠速忽高忽低。由于怠速喷油量大，加速时喷油量就更大，导致排气管冒黑烟。

清洗节气门、更换空气流量计后故障消除。

结论：两种方法对比，读数据流，作了定量分析，可以有目的地去检测更换有关元件。用读数据流方法少换了火花塞和点火线圈，减少了故障诊断时间，省工省料。

任务拓展

拓展 拓展性问题

(1) X-431 诊断仪是否可以检测发动机的所有故障，哪些故障用数据流诊断仪检测不出来，请举例说明。

____

____

____

(2) 你所用的发动机故障诊断仪如何升级？写出升级步骤。

____

____

____

项目小结

(1) 汽车控制电脑的控制系统由传感器、电脑控制单元执行器、通信与连接网络、随车自诊断系统等五部分组成。

(2) 多数汽车制造商推荐使用解码器清除故障码。

(3) 车载电脑的四种基本功能包括:输入、处理、存储、输出。

综合测试

一、填空题

1. X-431 诊断仪的功能有________、________、________、________、________。

2. X-431 诊断仪的特点有________、________、________、________、________。

3. 写出你熟知的汽车标志________、________、________、________、________。

4. X-431 诊断仪使用步骤:找到诊断座→选用相应的诊断插口→________→________→________→________→________→________→________→________。

二、选择题

1. 拆下蓄电池电缆后,会对车载电脑内的(　　)部件造成影响。

A. KAM　　B. ROM　　C. A/D　　D. EPROM

2. 用具有显示功能的解码器对被检测系统进行测试,在开始测试前发动机冷却液温度应低于(　　)。

A. 16 ℃　　B. 50 ℃　　C. 71 ℃　　D. 82 ℃

3. 美国是从(　　)年起对所有销售车辆都要求装备 OBD-Ⅱ系统的。

A. 1996　　B. 1998　　C. 2000　　D. 2002

三、简答题

1. 清除故障码的方法有:

(1) ____。

(2) ____。

(3) ____。

你以为哪种方法较为实用:____。

2. 用 X-431 诊断仪检测发动机时,注意事项是:

____

____。

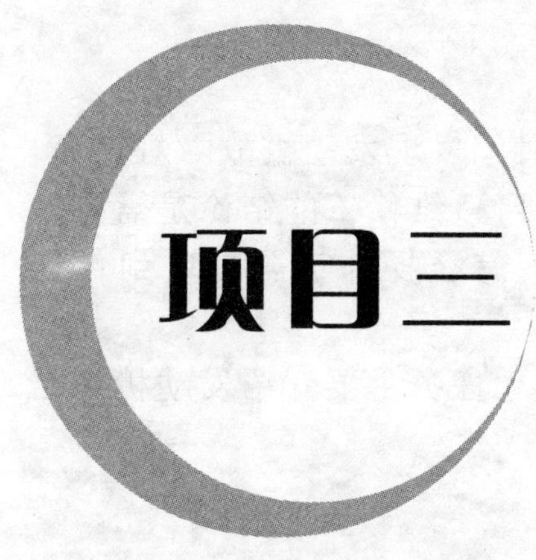

项目三

发动机综合性能检测仪识别

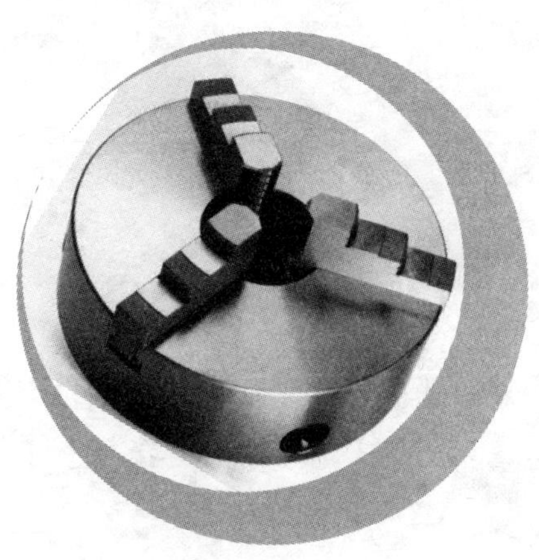

项目情景

小张买了辆大众桑塔纳 2000 型轿车，开了一段时间发现发动机故障灯常亮，开车时又感觉不出车有其他问题。将车送到汽修厂维修，维修工的结论是需要对发动机进行性能检测，那么性能检测到底是什么？怎么操作？需要用到什么仪器？

图 3-0 所示的就是一个发动机综合性能检测仪，本任务主要介绍发动机综合性能检测仪的功能，以及怎样对监测数据进行识别。

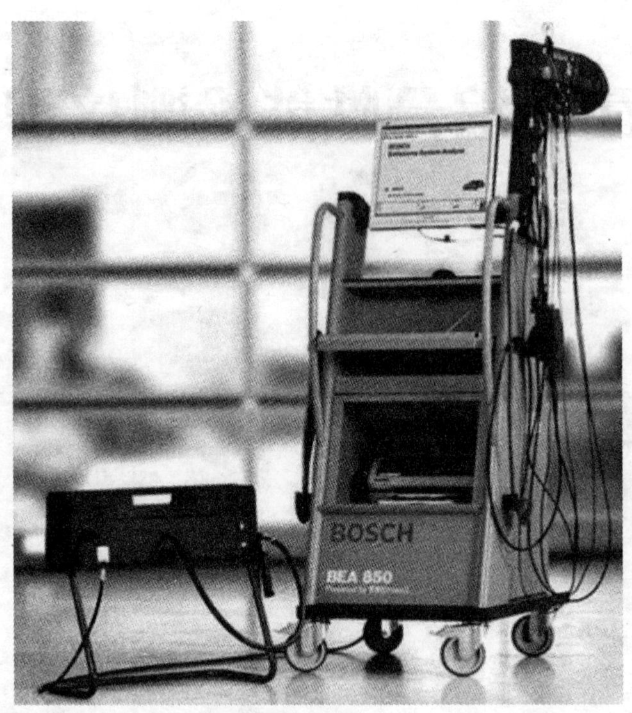

图 3-0　发动机综合性能检测仪

工作任务

任务一　检测仪的功能与操作

任务二　检测模块与参数识别

任务一

检测仪的功能与操作

任务描述

发动机综合性能检测仪是以工业控制计算机为主机，Windows 系统为操作平台的能对发动机性能进行检测的仪器，它具有功能全面、操作便捷等特点。DLFJ-2000 发动机分析仪操作界面如图 3-1 所示。

通过本任务的学习，在对检测仪的功能进行认识和了解的基础上，熟悉发动机性能检测仪

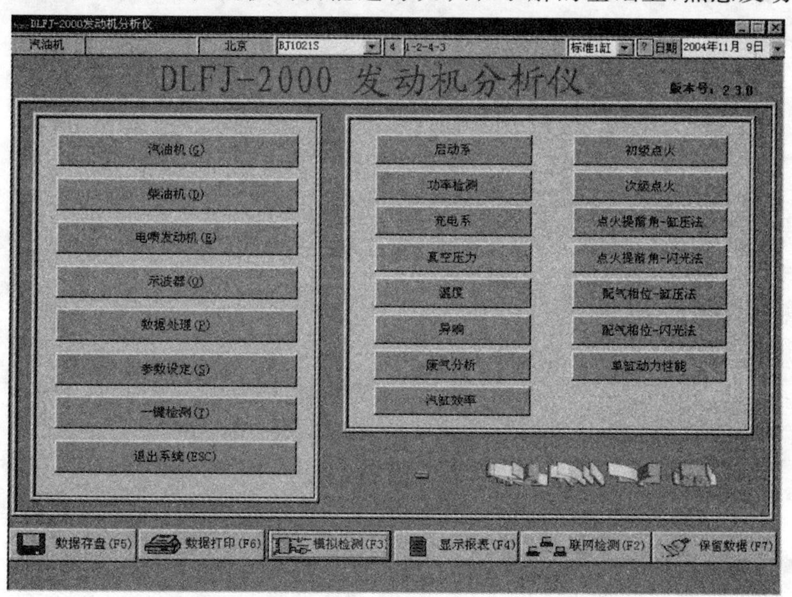

图 3-1　DLFJ-2000 发动机分析仪操作界面

的基本操作。

任务目标

(1) 检测仪的功能。
(2) 检测仪的操作。

任务分析

通过对发动机综合性能检测仪的功能进行了解，熟悉发动机综合性能检测仪的基本操作，从而对发动机综合性能检测仪有个最基本的了解。操作过程中应该注意遵守实训室的各项规章制度，以及坚持生产现场的6S管理。

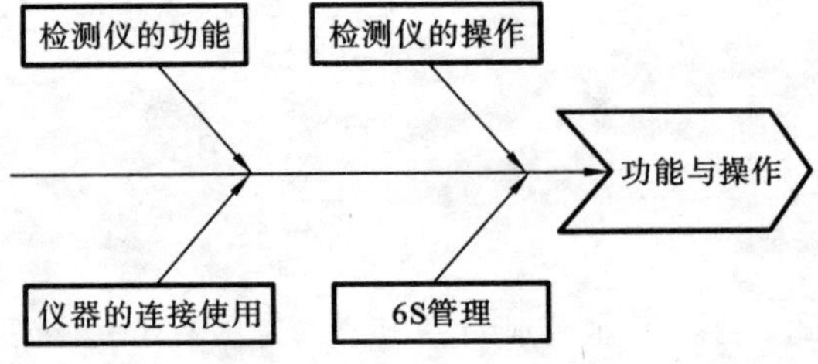

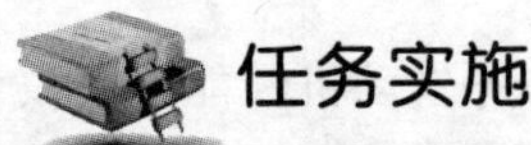

任务实施

实施一 任务准备

(1) 桑塔纳2000GSI发动机一台。
(2) 各导线、电线若干。
(3) 发动机综合性能检测仪一台。

实施二 任务实施

1. 发动机综合性能检测仪的功能

打开发动机综合性能检测仪界面，了解其功能(共20项功能)。
(1) 汽油机闭合角、重叠角与初级点火波形测试。

(2) 点火高压、点火电压、火花电压、火花持续时间与初级点火波形测试。
(3) 各缸工作均匀性测试及气缸效率分析。
(4) 无负载测功与加速时间测试。
(5) 测试 4 s 的启动电流、启动电压、电瓶内阻及波形。
(6) 各缸压缩压力与真空压力测试及波形。
(7) 进气歧管真空度测试及波形。
(8) 充电电流、充电电压与机油压力测试及波形。
(9) 点火与喷油提前角测试(闪光法/缸压法)。
(10) 发动机配气相位测试(闪光法/缸压法)。
(11) 发动机异响振动检测分析。
(12) 温度测试。
(13) 电喷车发动机传感器测定。
(14) 汽车故障解码系统(欧洲各国、日本、美国、韩国等)。
(15) 电喷车发动机数据流显示。
(16) 示波器功能。
(17) 烟气分析仪联网功能。
(18) 废气分析仪联网功能。
(19) 检测线联网功能。
(20) LED 灯牌指示功能。

2. 发动机综合性能检测仪的基本操作

发动机综合性能检测仪的基本操作如表 3-1 所示。

表 3-1 检测仪的基本操作

操作项目及内容	图示说明 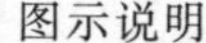
(1) 主界面的进入。 ① 打开程序后会有一个长达 30 s 的初始画面,该画面会在 30 s 后自动消失,也可以单击的方式消除	
② 程序进入主界面以后,显示的是上次程序关闭时测的最后一辆车的信息	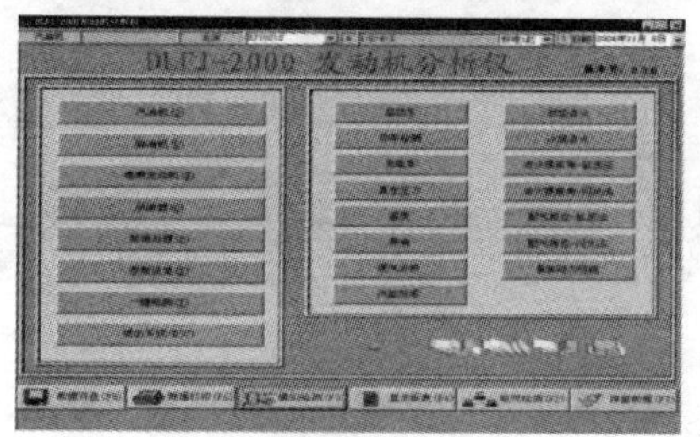

续表

操作项目及内容	图示说明
(2) 数据存盘。 单击该按钮，会弹出输入界面，按钮箭头向右表示在库中删除当前的车主单位。其他均由用户自由设定	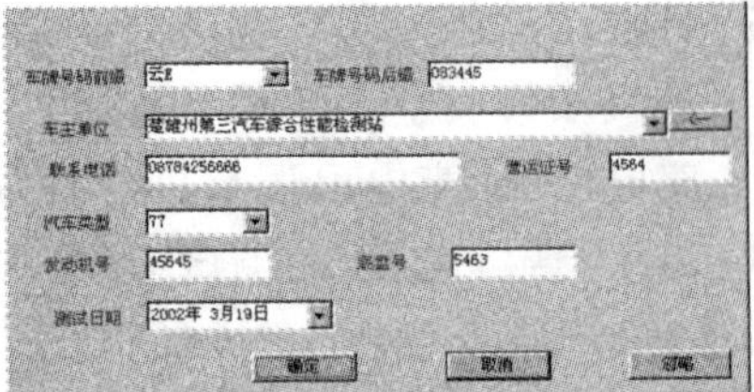
(3) 数据打印。 打印当前发动机工位所测的结果报表，由于本工位不配打印机，因此该功能可以选择使用	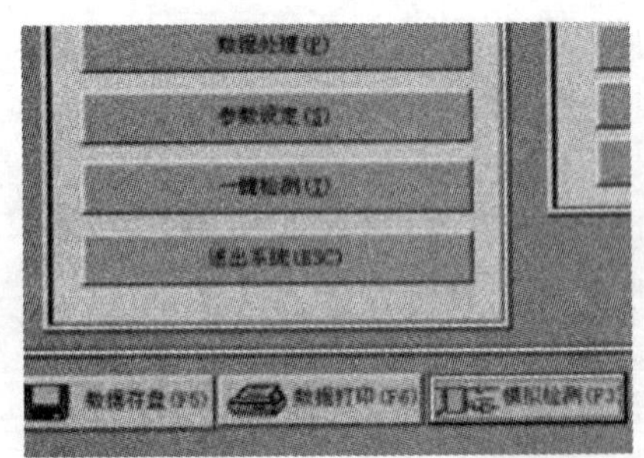
(4) 模拟测试。 先发动发动机，线路接好后观察转速信号是否已到达电路板，再进行检测	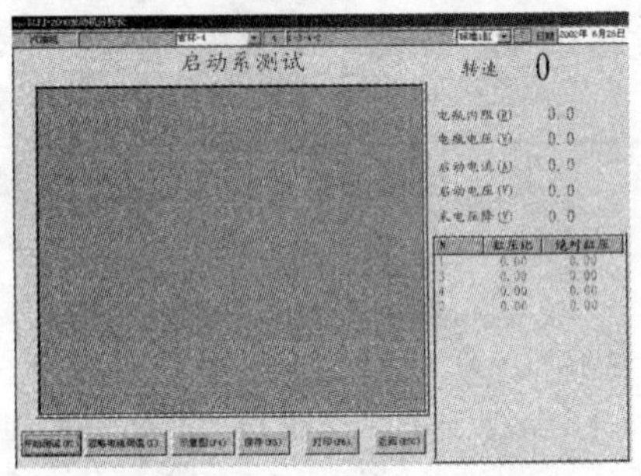
(5) 显示报表。 单击显示报表，显示当前测试发动机数据	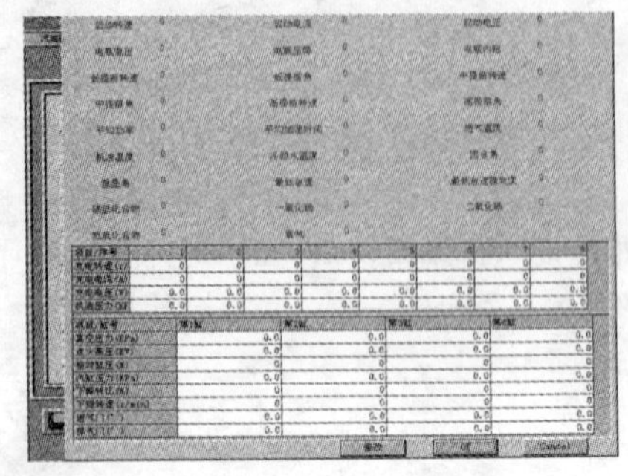

续表

操作项目及内容	图示说明
（6）检测。 分单机和联网检测两种，单击后对应自己需要进行相关的项目设置	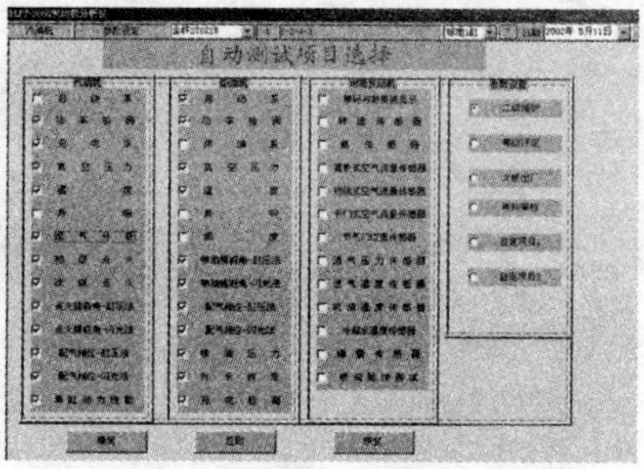

实施三　任务检测

任务检测单

任务名称	检测仪的功能与操作		
小组成员			
完成时间		整体完成情况	
检测情况	检测项目	检测情况	
	检测仪功能		
	检测仪操作界面使用		
	检测仪的连接		
	生产现场的6S管理		
检测人签字			

实施四 任务评价

任务评价表

班级： 组别： 姓名：

项目	评价内容 （请在对应条目的○内打“√”或“×”，不能确定的条目不填，可以在小组评价时让本组同学讨论并写出结论）	评价等级（学生自评） A 全部为√	 B 有一至三个×	 C 有多于三个×
关键能力自评	○按时到场　学习期间不使用手机、不玩游戏○ ○工装齐备　未经老师批准不中途离场○ ○书、本、笔齐全　无违规操作○ ○不追逐打闹　无早退○ ○接受任务分配　先擦净手再填写工作页○ ○不干扰他人工作			
	○工作服保持干净　无安全事故发生○ ○私人物品妥善保管　使用后保持工具整齐干净○ ○工作地面无脏污　能及时纠正他人危险作业○ ○工作台始终整洁　废弃物主动放入相应回收箱○ ○无浪费现象　未损坏工具、量具及设备○ ○参与了实际操作			
	○课前有主动预习　本小组工作任务能按时完成○ ○与本组同学关系融洽　主动回答老师提问○ ○积极参与小组讨论　能独立规范操作○ ○接受组长任务分配　能主动帮助其他同学○ ○能独立查阅资料　不戴饰物，发型合规○ ○工装穿戴符合要求			
专业能力自评	○能按时完成工作任务　能独立完成工作页○ ○工量具选用准确　没有失手坠落物品○ ○无不规范操作　指出过他人的不规范操作○ ○完成学习任务不超时　暂时无任务时不无所事事○ ○学习资料携带齐备　工作质量合格无返工○			
小组评语及建议	他（她）做到了： 他（她）的不足： 给他（她）的建议：	组长签名： 年　月　日		
教师评价及建议		评价等级： 教师签名： 年　月　日		

相关知识

知识一　发动机性能检测仪功能

1. 功能特点

发动机性能检测仪的功能可查看“实施二　任务实施”中的相关内容，此处不再讲解。

2. 主要性能参数

主要性能参数如表 3-2 所示。

表 3-2　主要性能参数

参　数	量　程	精　度
转速/(r/min)	0～9999	0.1%
闭合角/(°)	0～120.00	±0.10
重叠角/(°)	0～30.00	±0.1%
点火提前角/(°)	0～60.00	±0.1%
配气相位/(°)	0～360.00	±0.1%
启动电流/A	0～999	4%
启动电压/V	0～36.0	2%
气缸压力/MPa	0～4	2%
喷油压力/MPa	0～30	2%
真空度/kPa	0～110	2%
温度/℃	0～120	2%
点火高压/kV	0～40	5%
火花电压/V	0～4000	5%
点火持续时间/ms	0～9.99	±0.01
加速时间/ms	0～2000	5%

3. 功能简介

1) *启动系测试*

先将电流传感器夹在电瓶线上，使夹子上的“↑”符号与电瓶电流流向保持一致，再将电流传感器上的电压传感器的红鱼夹夹在电瓶正极，黑鱼夹夹在电瓶负极或搭铁上。将初级传感器上红鱼夹夹在点火线圈的初级低压线上，黑鱼夹夹在搭铁上，测量期间起动机不着火(检测仪控制发动机不能着车)。将缸压传感器代替火花塞拧在任一缸上,最好是1缸,以便将它作为标准缸,要拧紧(可以不接,但测量结果中,没有绝对缸压值)。将真空传感器用橡胶软管接到进气歧管上,也可将真空传感器串接在化油器与分电器之间的真空管上,检测发动机进排气状况(可以不接,但测量结果中,没有真空压力值)。

请将发动机的油门开到最大(保证最大进气量),启动起动机约4 s,直到屏幕出现数据或听到起动机即将着车,松开钥匙,发动机正常着车。

结果:4 s测试出启动电流、电瓶电压、启动电压、电瓶压降、电瓶内阻、各缸压缩压力和真空压力值。测试结果能反映发动机的电瓶状态、各气缸压缩压力、真空压力和配气机构状态。通过压缩压力不仅可以观察压缩与做功冲程发动机的变化,而且还可观察歧气管真空压力的变化,发现进气与排气冲程的变化,从而可观察发动机的四个冲程压力变化状况,来定性地分析各种有关的故障。

2) 测功与加速时间测试

先将发动机由怠速瞬间加速,转速超过下限转速时开始计时,当超过上限转速时停止计时,这个时间真实地反映了发动机的加速时间,时间越短,功率越大。输入转动惯量常数,换算出发动机功率,该检测仪采用双时测功,根据下降时间,计算出摩擦因数,修正新旧车的差别,使其值更接近真实功率。检测过程中,动态显示转速曲线和功率曲线。根据曲线显示可分析各转速下的即时功率。

3) 充电系测试

接初级点火传感器,接电流、电压传感器。开始缓慢提高转速(约20 s从怠速提高至高速)后,松开油门使转速回到怠速。

结果:根据充电电压、充电电流、机油压力随转速变化而变化的全程波形的曲线,可检查电压调节器和供油系统的故障。还可根据充电电压、充电电流随转速每一转变化而变化的每转波形的曲线,可检查充电整流二极管的故障。

4) 真空压力

分析真空压力曲线,可判断出进、排气冲程的各种故障,此处不一一举例(此时发动机处于点火状态,排气门的故障可在此判别)。

5) 温度

对水温、油温、气温的测量。

6) 异响测试

(1) 曲轴轴承响。

将传感器接触在油底壳上,用抖油门的方法将发动机的转速控制在1200～1600 r/min或更高的转速范围内做变速运转,观察抖动油门时各缸波形的最后部有无明显的频率较低的正弦波出现。必要时可进行逐缸断火试验。断火时,曲轴轴承异响波形可能消失。

(2) 连杆轴承响。

将传感器垂直顶在发动机壳体侧壁正对各缸小瓦处,从怠速开始逐步提高转速,直到2000 r/min左右,观察各缸波形的中后部有无故障波形幅度随着转速的提高而明显增加。必要时可用抖油门的方法观测,并可逐缸断火测得不同转速时的波形。

(3) 活塞敲缸响。

传感器放置在垂直于发动机壳体左侧上部正对各缸处,发动机从怠速逐渐提高到

1000 r/min左右。观察各缸波形的中前部有无异响波形出现。必要时可在低、中速范围内用抖油门的方法观测，并进行断火试验，断火时波形消失。

注意：敲缸一般在冷车启动时才有。

(4) 活塞销响。

传感器放置在垂直于缸盖正对各缸活塞处，发动机转速由 800 r/min 逐渐提高到2400 r/min左右，观察各缸上止点附近有无异响波形。必要时可在中、高速范围内用抖油门的方法观察和做断火试验。

以上四种异响波形均出现在“做功冲程”上，即波形出现在并列波的哪一缸上，就说明该缸有异响，而且断火时波形均有变化(减小、消失或变形)。

7) 废气分析

废气分析仪可通过 RS-232 通信口进行联网，同时对比发动机相应项目，观察分析各种故障。

8) 汽油发动机初级检测

将初级传感器黑鱼夹接搭铁，红鱼夹接点火线初级低压线。将标准缸传感器夹在某一缸(最好是一缸)的火花塞与高压线之间(即分缸线上)。发动机转速固定在中速，开始测量。

测量结果如下。

(1) 闭合角。

它表示白金间隙的大小，白金间隙大，闭合角就小，给点火线圈充磁能量的时间减少，造成点火能量不够，反之，造成点火时间不够。所以四缸发动机的闭合角为 40°～45°，六缸发动机的为 38°～42°，八缸发动机的为 29°～32°。

(2) 重叠角。

这主要检查分电器的好坏。如果凸轮磨损大，则造成点火不均匀，发动机各缸工作时，有的缸点火比正常时提前或滞后，使发动机功率下降。

(3) 白金烧蚀。

在闭合角下跳沿出现杂波，说明白金的触点表面已烧蚀，在白金关闭时尖端放电造成杂波。

(4) 电容漏电。

电容漏电造成并联等效电阻变小，使持续时间后的最大振荡电压减少。

(5) 电喷喷油嘴工作不正常。

喷油嘴工作不好，火花持续时间将随着混合气雾化的变化而波动。

9) 汽油发动机次级检测

接初级传感器，接标准缸传感器。将次级传感器夹在高压线上，将发动机转速稳定在中速，开始测量。

测量结果如下。

(1) 火花塞断火。

怠速时，若某一缸点火高压过高，则应更换火花塞。

(2) 点火高压。

各缸火花塞的击穿电压与火花塞间隙、电极的温度、积炭、电容等因素有关，正常值应为10～20 kV。

(3) 火花持续时间。

电火花持续点火时间与点火线圈点火能量有关。

(4) 火花塞加速特性。

在发动机怠速状态下,抖动油门加速,观察各缸点火高压,是否在加速时出现大于 20 kV 的状态,并多观察几次。若出现在某缸上,则说明该火花塞在踩油门加速时,暂时不点火,应更换火花塞。

10) 点火与喷油提前角测试(闪光/缸压法)

(1) 闪光法。

它可通过正时灯的旋钮,使飞轮上止点标配对齐,取得数据。

(2) 缸压法。

通过缸压传感器找出该缸的上止点,得到数据。

DLFJ-2000 型发动机分析仪采用隐含信号的处理方法,可在缸压法提前角检测时,不用标准缸传感器,接成缸外点火状态,使操作更简便。

所测的提前角为真空和离心提前角之和,拆去真空管后,测得的是离心提前角,相减为真空提前角。

11) 配气相位测试(闪光/缸压法)

闪光法与缸压法测试均同提前角的测试,但是增加了将爆震传感器放在缸盖上这一步,双击,测出进、排气门关时的输出波形,可自动计算出相位值。如偏差过大,说明气门调整不好。如角度相差 6°~8°,说明配合齿轮错一个齿。

12) 各缸工作均匀性测试

接初级点火传感器、标准缸传感器。发动机转速固定在中速进行测量。

测量结果:发动机调到中速后,自动对每缸进行单缸断火,并将断火前后的转速变化分解成下降转速值和下降转速占下降前的百分比值显示出来,下降得越少,说明该缸工作越差。

13) 气缸效率

主要是针对电喷发动机,分析不同转速下各缸对输出功率的贡献。

知识二　发动机综合性能检测仪操作指南

发动机综合性能检测仪系统功能繁多,属于一个多线程系统,只有正确地操作才能维持系统的良好运行。

1. 主界面

程序启动后会有一个长达 30 s 的初始化画面(见图 3-2),该画面会在 30 s 后自动消失,也可以由用户单击来消除。

进入主界面(见图 3-3)后,主界面的上端有一行灰色条目,显示的是上次程序关闭时测的最后一辆车的信息,最后一栏显示的是当天的日期。左边粉底色框的内容是发动机测试项目以及其他设置和辅助功能,右边对应的是左边各项的具体测试项目和功能设置。最底端按钮的功能是对上面测试项目和功能、参数设置有关的补充内容,分别介绍如下。

图 3-2　DLFJ-2000 发动机综合检测仪初始化画面

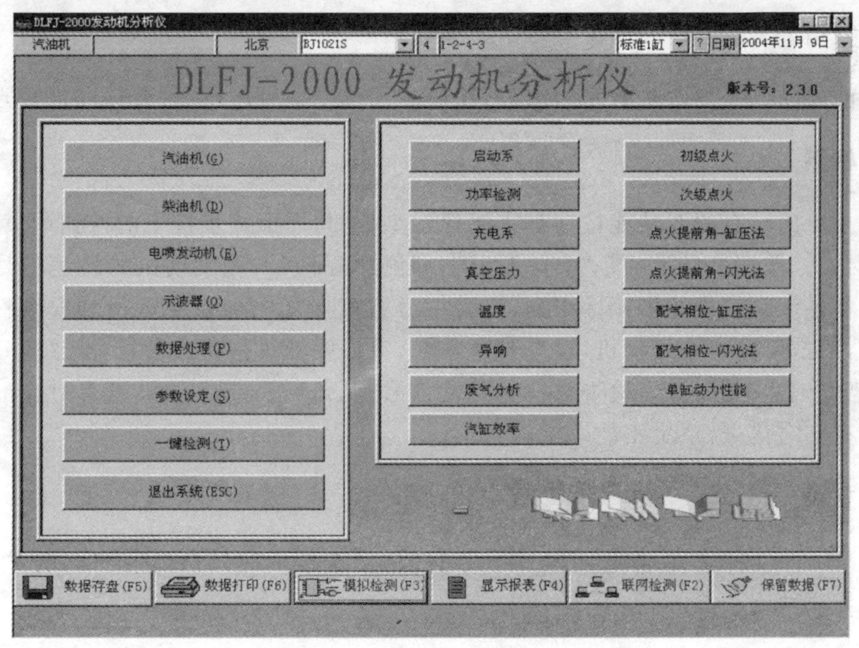

图 3-3　主界面

2. 数据存盘

单击“数据存盘”按钮后，弹出图 3-4 所示的输入界面，车牌号码前缀列表中保存的是以前输入过的所有车牌号码的前缀，可选，车牌号码后缀自定义。车主单位列表中存放以前输的次数排在前十的单位名称。其中旁边向左的按钮的功能是向车主单位库中添加记录，如果库中已经有了十个记录，则它会代替用的次数最少的一个，否则直接添加。如果按钮箭头向右，则表示在库中删除当前的车主单位。其他均由用户自由设定。单击“确定”按钮，保存当前输入数据及测试数据，单击“取消”按钮，则全都不保存。单击“忽略”按钮，则用以前的汽车输入数据代替当前输入的数据并和测试到的数据一起被保存，因此可以不输入任何数据，而直接单击“忽略”按钮保存数据。

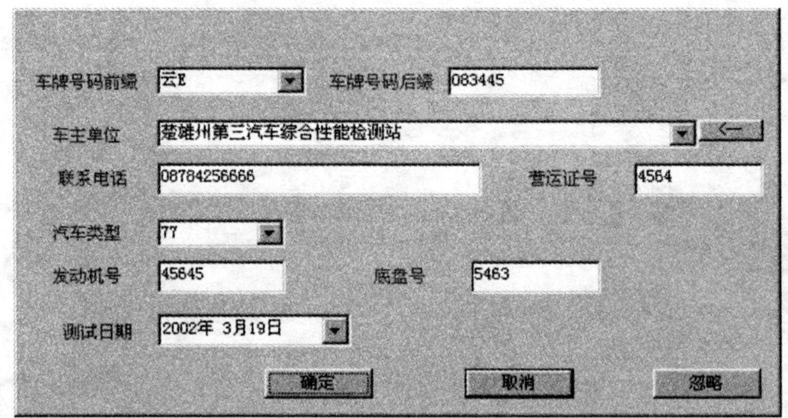

图 3-4　数据存盘

3. 数据打印

打印当前发动机工位所测的结果报表，由于本工位不配打印机，因此该功能可选择使用。

4. 模拟检测

本系统主界面所有的双功能按钮都采用显示型按钮，即上一步按下的按钮（也就是正字面所含意思按钮）。按钮上显示的是“实际测试”，即测实际信号，无发动机的转速信号是无法进行测试的。本系统对信号的依赖性很强，有无信号将直接影响到系统运行的安全性。在实际测试情况下，一定要先启动发动机，检查转速信号（汽油发动机是初级信号，柴油发动机是外卡信号）是否已经到达电路板上，检查对应的脉冲信号是否已经产生，如果没有对应的脉冲信号就相当于没有实时信号，系统不能正常运行。

5. 显示报表

如图 3-5 所示，该功能在非联网模式下才有效，报表显示的只是当前测试的发动机数据，不具备用户修改数据功能。

6. 联网测试（单机检测）

按钮显示联网检测时，系统处于联网监控状态下，随时准备进入自动检测状态。如果在监控状态下进入其他界面，则会暂时屏蔽联网监控模式，等返回主界面时重新启动。在系统监控到其他工位或者主机把检测文件发送到指定的文件夹后，就会立刻进入自动检测状态（系统中称一键检测），此时操作员接所测项目需要的传感器即可。一般启动系均需测试，此时注意电流传感器一定要最后接（因为这样灯牌才会向操作员提示正确信息），接好传感器后，操作员按照灯牌（点阵屏）提示的信息正确操作。如果操作员不希望联网检测，则只需单击一下该按钮，此时按钮文本显示联网检测，则系统进入单机模式，可以有选择地进行项目操作，此时最好在接好传感器（只接某项测试项目需要的传感器即可，如测初级点火，接初级传感器和标准缸传感器即可）并确定有信号（可由示波器功能项中的 16 通道自检示波器项来观察）后，才启动该项测试程序。

启动转速	0	启动电流	0	启动电压	0
电瓶电压	0	电瓶压降	0	电瓶内阻	0
低提前转速	0	低提前角	0	中提前转速	0
中提前角	0	高提前转速	0	高提前角	0
平均功率	0	平均加速时间	0	进气温度	0
机油温度	0	冷却水温度	0	闭合角	0
重叠角	0	最低怠速	0	最低怠速稳定度	0
碳氢化合物	0	一氧化碳	0	二氧化碳	0
氮氧化合物	0	氧气	0		

项目/序号	1	2	3	4	5	6	7	8
充电转速(r/	0	0	0	0	0	0	0	0
充电电流(A)	0	0	0	0	0	0	0	0
充电电压(V)	0.0	0.0	0.0	0.0	0.0	0.0	0.0	0.0
机油压力(KF	0.0	0.0	0.0	0.0	0.0	0.0	0.0	0.0

项目/缸号	第1缸	第2缸	第3缸	第4缸
真空压力(KPa)	0.0	0.0	0.0	0.0
点火高压(KV)	0.0	0.0	0.0	0.0
相对缸压(%)	0	0	0	0
汽缸压力(KPa)	0.0	0.0	0.0	0.0
下降转比(%)	0	0	0	0
下降转速(r/min)	0	0	0	0
进气门(°)	0.0	0.0	0.0	0.0
排气门(°)	0.0	0.0	0.0	0.0

修改　OK　Cancel

图 3-5　报表显示界面

7. 保留数据

按钮显示保留数据时，处于保留数据模式，此时前一次测量数据全部驻留在内存中。当前测量的数据只替代同样项目中的数据，如前一次的测量项目在本次并无测量，则本次测量得出的数据也包含了上一次测量该项目的数据。比如，前一辆车测试了启动系、功率以及初级点火，而本辆车虽然只测试了启动系，但本车的测试结果也有功率和初级点火的数据，不过功率和初级点火的数据是上一辆车的数据。因此，用户应慎重考虑是否启用该功能，该功能区分汽油发动机和柴油发动机。汽油发动机的数据不会在柴油发动机中出现。单击该按钮，当按钮文字为清除数据时，则系统处于清除数据模式，该功能是将前一次测量的数据在本次测量时全被清零，因此每次测量的数据只会包含测过项目的数据，其他数据则为零。

任务拓展

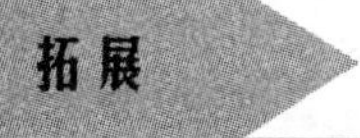

拓展　汽车故障诊断仪

车辆故障自检终端，或称汽车故障诊断仪（又称为汽车解码器），是用于检测汽车故障的便携式智能汽车故障自检仪，用户可以利用它迅速地读取汽车电控系统中的故障，并通过液晶显示屏显示故障信息，迅速查明发生故障的部位及原因。

1. 概念介绍

汽车故障诊断仪是维修中非常重要的工具，一般具有如下几项或全部的功能：① 读取故障码；② 清除故障码；③ 读取发动机动态数据流；④ 示波功能；⑤ 元件动作测试；⑥ 匹配、设定和编码等；⑦ 英汉辞典、计算器及其他辅助功能。故障诊断仪大都随机带有使用手册，按照手册说明极易操作，一般来说有以下几步：在车上找到诊断座；选用相应的诊断接口；根据车型进入相应诊断系统；读取故障码；查看数据流；诊断维修之后清除故障码。

2. 原理功能

诊断电子控制系统的传感器、执行器状态以及 ECU 的工作是否正常，判断 ECU 的输入、输出电压是否在规定的范围内变化，就可以判断电子控制系统工作是否正常。

当电子控制系统中的某一电路出现超出规定的信号时，该电路及相关的传感器反映的故障信息以故障代码的形式存储到 ECU 内部的存储器中，维修人员可利用该诊断仪来读取故障码。

3. 主要功能

(1) 通过 CAN、LIN 通信模块可以实现与车载内各电子控制装置 ECU 之间的对话，传送故障代码以及发动机的状态信息。

(2) 通过单片机的同步/异步收发器可以与 PC 进行串行通信，从而完成数据交换、下载程序及诊断仪升级等功能。

(3) 通过液晶显示器来显示汽车运行的状态数据及故障信息。

(4) 通过键盘电路来执行不同的诊断功能。

(5) 通过一种具有串行接口的大容量 FLASH 存储器来保存大量的故障代码及其测量数据。

4. 主要分类

汽车故障诊断仪一般可分为两种：一种是针对车门中控故障诊断的，主要用于汽车遥控器的匹配与测试检修；另一种是针对汽车发动机或电路故障诊断的。

1) FCAR-F3-D 柴油版汽车故障诊断仪

产品适用于大中小型维修企业、培训机构、汽车厂家、维修站、柴油发动机生产厂家，以及矿山机械、石油化工等企业。

(1) 功能介绍。

它支持国产、欧洲、美洲、亚洲各种柴油发动机的电控系统检测，硬件内置高速和低速 CAN-BUS，以满足采用 CAN-BUS 总线的电控技术需求。

(2) 支持检测车型。

它支持的车型有东风、解放、五十铃、日野、雷诺、奔驰、沃尔沃、福田、陕汽、华菱、重汽、大宇、宇通、金龙、五洲龙、恒通、徐工、柳工等。

(3) 支持发动机厂家。

它支持的发动机厂家有潍柴、玉柴、上柴、锡柴、朝柴、扬柴、全柴、大柴、康明斯、铂金斯、道依莰、卡特、常柴、雷沃动力、北内动力、杭发、华柴、五十铃、开普动力、扬动、江淮、云内动力、莱动、莱阳动力、日产、三菱、现代、雷诺、标志、福康等。

(4) 支持 ECU 厂家。

它支持的 ECU 厂家有博世、康明斯、电装、西门子、摩托罗拉、捷克赛尔、威特、南岳、德尔福、威伯科等。

(5) 支持功能。

它具有读取故障码、读取发动机型号、读取电脑版本信息、读取 QR 码、读取系统参数号、读取数据流、清除故障码、写入 QR 码、元件测试、断缸测试、压缩测试、喷油嘴测试、维修帮助、在线学习等操作功能。

2) FCAR-F3-A 标准版智能汽车故障诊断仪

该产品按照国际工业级标准设计，采用先进的模块化设计技术和人性化的单线式的工作模式，适用于大中小型维修企业、培训机构、汽车厂家、维修站、柴油发动机生产厂家，以及矿山机械、石油化工等企业。

采用柔性驱动技术的 F3 汽车故障电脑诊断仪具有很好的可扩展性，软件配置方面采用多种配置方式，自动检测、自动诊断、工况模式选择等配置功能在实际中更人性化。诊断软件配置方面，针对亚洲地区汽车种类进行了汇总分析，配置了中国车型、韩国车型、日本车型在内的上千种诊断车型软件，从检测深度和广度上满足用户更多要求，并实现一个 OBD 接头支持所有车型，满足通信总线的测试需求。

功能介绍：某些系统对各种车型的测试效果达到原厂检测功能。

3) FCAR-F3-W 汽油全球版汽车故障诊断仪

(1) 功能介绍。

它可对全球主流车系中的各个车型进行测试，对各种车型的某些系统的测试效果达到原厂检测功能；内置高速、低速 CAN-BUS，一个接头可测所有配有 CAN-BUS 总线的车辆；全面支持 OBD-II 所有协议。

(2) 支持系统。

它支持的系统有发动机、防抱死系统、自动变速器、安全气囊、车身电气、智能钥匙、防盗系统、动力转向、巡航系统、仪表系统、网关、空调系统、音响系统、灯光系统等。

(3) 支持功能。

它具有读取故障码、读取电脑版本信息、读取数据流、读取 VIN 码、清除故障码、清除自学习值、写入 VIN 码、元件测试、基本设定、匹配自适应、保养灯归零、防盗匹配、节气门匹配维修帮助、在线学习等操作功能。

4) FCAR-F3-G 柴汽通用版汽车故障诊断仪

可支持各种欧美车型、日韩车型和国产车型。

支持的欧美车型包括克莱斯勒、福特、通用、宝马、奔驰、路虎、沃尔沃、欧宝、绅宝、萨博、名爵、标致、保时捷、大众、奥迪、雪铁龙、斯柯达、雷诺、菲亚特等。

支持的日韩车型包括三菱、丰田、日产、铃木、雷克萨斯、本田、马自达、斯巴鲁、现代、起亚、大宇、双龙等。

支持的国产车型包括上海大众、上海通用、一汽大众、一汽奔腾、天津一汽、东风雪铁龙、广州本田、广州丰田、郑州日产、红旗、比亚迪、江淮、华晨、吉利、奇瑞、荣威、猎豹、哈飞、长城、力帆、众泰、长安、昌河、江铃、青年等。

支持的发动机厂家包括潍柴、玉柴、上柴、锡柴、朝柴、扬柴、全柴、大柴、常柴、铂金斯、道依茨、卡特、康明斯、雷沃动力、北内动力、杭发、华菱、五十铃、扬动、江淮、云内动力、华源莱动、莱阳动力、日产、福康动力等。

支持的ECU厂家包括博世、康明斯、电装、西门子、摩托罗拉、捷克赛尔、威特、南岳、德尔福、威伯科、玛瑞利等。

任务二

检测模块与参数识别

任务描述

发动机综合性能检测仪是用来检测发动机当时运转性能的仪器，它可以检测发动机相关部件的运转参数，得出当时运转的相关数据，并对其进行识别。

图 3-6 所示的为检测仪对发动机性能进行检测的结果。本任务就是研究怎样使用检测仪测量发动机的相关参数，以及怎样对这些数据进行分析识别。

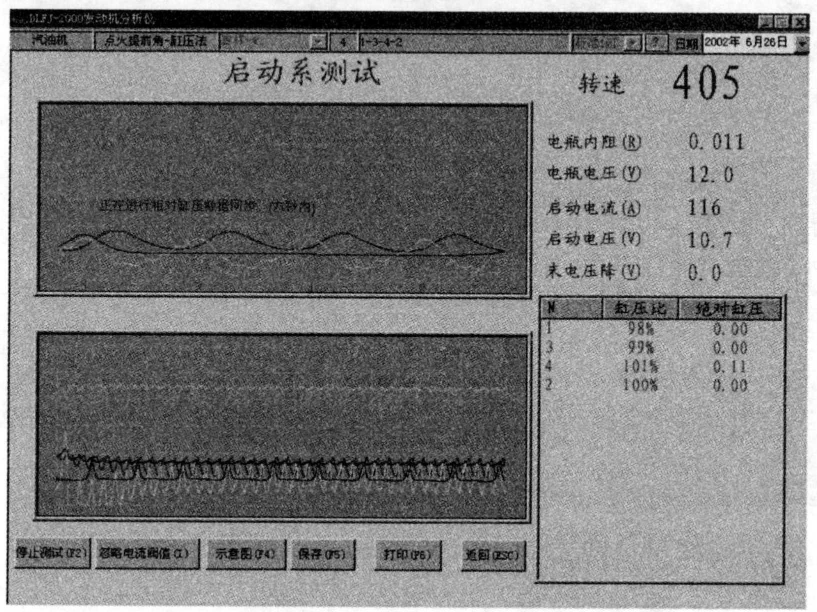

图 3-6　检测仪对发动机性能进行检测的结果

任务目标

（1）发动机模块的检测。

（2）测量数据的分析识别。

任务分析

通过对发动机性能检测仪相关模块的操作，熟悉发动机综合性能检测仪的使用与测量方法，并能对发动机综合性能检测仪测量的数据做分析识别。操作过程中应该注意遵守实训室的各项规章制度，以及坚持生产现场的6S管理。

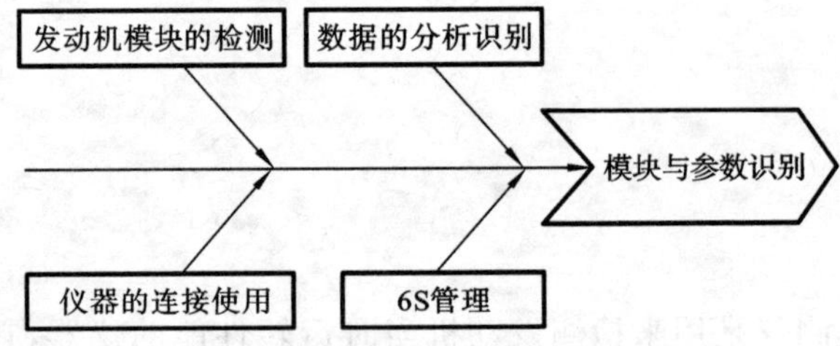

任务实施

实施一　任务准备

（1）桑塔纳2000GSI发动机一台。

（2）各导线、电线若干。

（3）发动机性能检测仪一台。

实施二　任务实施

1. 发动机相关模块的检测

1）启动系检测

（1）总览。

图3-7所示的是启动系测试界面，界面下方的6个按钮可分别对测试进行不同操作。

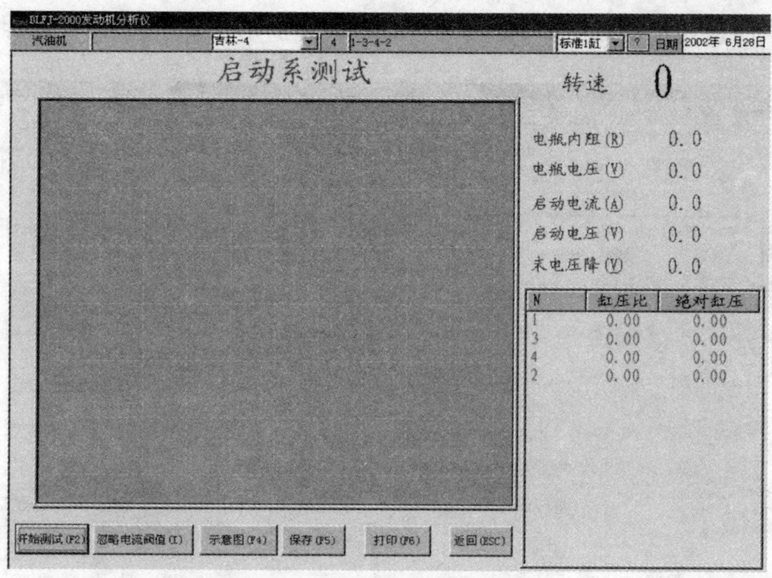

图 3-7　启动系测试界面

（2）连接。

① 先将电流传感器红色塑料夹夹在电瓶线上，使夹子上的“↑”符号与电瓶电流流向保持一致，再将电流传感器上的电压传感器的红鱼夹夹在电瓶正极，黑鱼夹夹在电瓶负极或搭铁上（一键检测或联网检测状态下电压传感器的红鱼夹一定要最后接，因为这样表示传感器全部接好）。

② 再将初级点火传感器上红鱼夹夹在点火线圈初级线上，黑鱼夹夹在搭铁上（对于电喷车或电子点火的汽油车，红色穿刺针夹在点火线圈初级线上。穿刺针会自动穿透并与连接线内电线相连。由于穿刺针很细，拔开后穿刺造成的遗留孔会自动消失，不影响线的使用）。

③ 将缸压传感器代替火花塞拧在任一缸，最好是一缸，以便作为压缩压力的标准缸，要拧紧，否则会造成漏气或喷出伤人（可以不接，但测量结果中没有绝对缸压值）。

④ 将真空传感器通过橡胶软管接到进气歧管上，检测发动机进排气状况（可以不接，但测量结果中没有真空压力值）。

⑤ 标准缸传感器夹在任意缸的分缸线上（最好是一缸，特别是一键检测或联网检测状态下，必须接一缸）。若不是一缸，则需点击最上面一行的标准缸下拉框，选中标准缸传感器所夹的缸号，以便同步。

（3）操作方法。

当传感器全部接好后，在发动机不着车的情况下，单击“开始测试”按钮，屏幕和点阵屏上显示出“准备好请启动”的字样。这时将发动机的油门开到最大（以保证最大进气量），连续启动起动机约 4 s（中间不能出现停顿，否则要重新测量，测量期间发动机不着车），屏幕上“准备好请启动”的字样消失，出现一个时钟，当屏幕时钟指针转动到顶，或点阵屏上显示出“请停止打起动机”时，松开钥匙，发动机就可正常着车。

2）功率检测

（1）总览。

图 3-8 所示的是功率检测界面，界面下方的按钮分别用于开始检测、保存、打印以及返回。

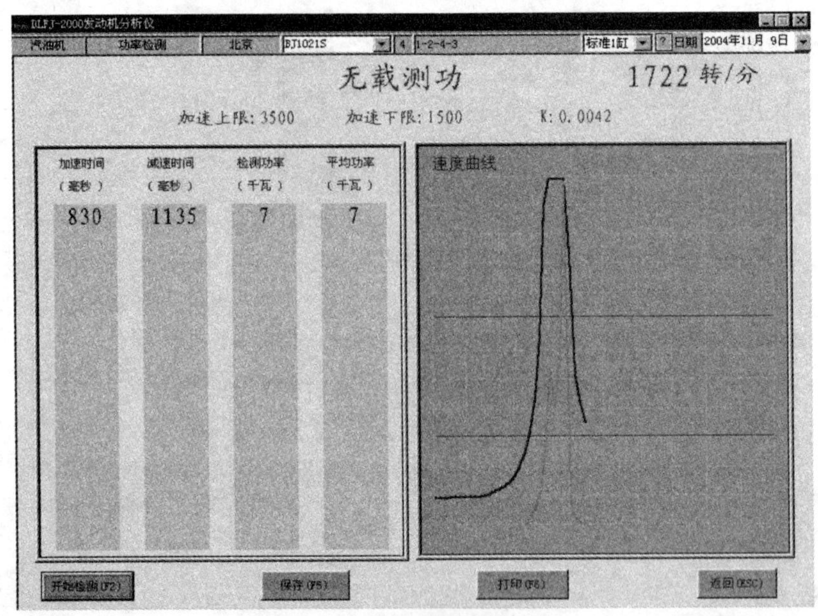

图 3-8 功率检测界面

(2) 连接。

只需接初级点火传感器(对于电喷车或不方便接初级点火传感器的，可用标准缸传感器，接法同上述标准缸接法)。

(3) 操作方法。

发动机稳定在怠速，单击“开始测试”按钮，进入检测状态。将发动机稳定在怠速约 10 s，当点阵屏上显示出“请怠速，2 s 延时”“请猛踩油门”，猛踩油门，使发动机在最大油门的情况下自然加速，当发动机转速超过测功转速上门限时，立即松开油门，使发动机转速自由降回到怠速，自动退出。屏幕出现测功结果数据。检测的数据是几次测量值的平均值，一般检测三次。

3) 充电系检测

(1) 总览。

图 3-9 所示的是充电系检测界面，界面下方的按钮分别用于开始检测、取零点、显示数据、保存、打印以及返回。

(2) 连接。

只需接电流传感器、电压传感器与初级传感器，机油压力连接线可不接。

电流传感器、电压传感器、初级传感器接法分别与启动系传感器连接中的电流传感器、电压传感器、初级点火传感器的接法相同。

机油压力连接线的红鱼夹接到发动机的机油压力传感器上，黑鱼夹接到发动机的搭铁(电源负极)上。

(3) 操作方法。

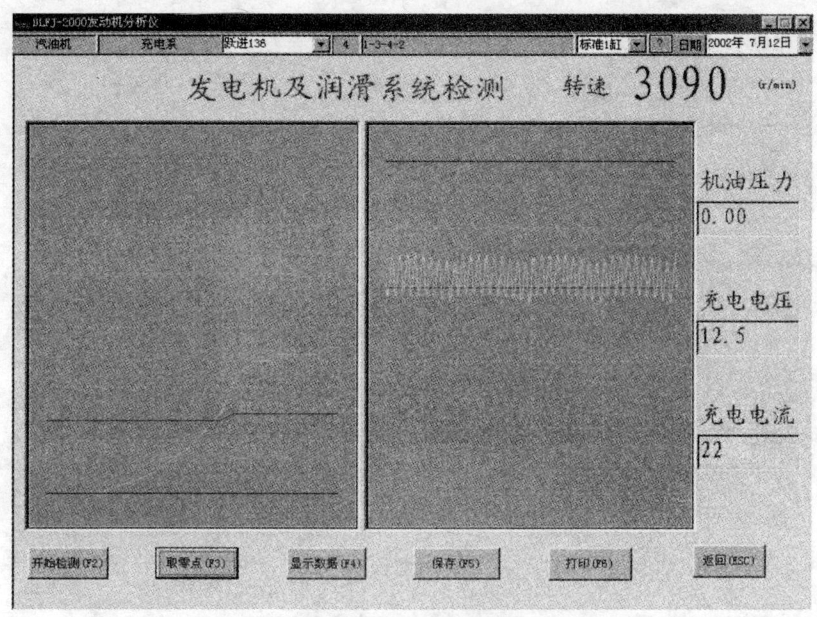

图 3-9　充电系检测界面

① 根据标准数据库中对应缸的提前角低转速值作为充电转速下限，将提前角高转速值作为充电转速上限。将充电转速下限与充电转速上限之间平均分成 8 份，只有当发动机转速超过充电转速下限时，才能将其转速与该转速下的充电电压、充电电流、机油压力分别显示出来。

② 首先将发动机转速调到怠速，再单击“开始检测”按钮，屏幕上显示出充电电流、充电电压与机油压力曲线。点阵屏上显示出“请缓慢加速到高速”的字样。这时缓慢加速，约半分钟，加到充电转速上限为止，自动退出。同时随着转速增大，屏幕上不断出现各种转速下的充电电压和充电电流值。屏幕左方的曲线也随之增长。

③ 若要取零点，则发动机转速要调到怠速，并且越低越好，使电瓶的充电电流越小越好，最好使调节器处于关断状态(如果发动机的充电电流在怠速有电流，则最好将电流传感器从电瓶线上拿下来)。单击“开始检测”按钮，单击“取零点”按钮，计算机自动取充电电流的“零”点(取完后，再将电流传感器夹到电瓶线上)。然后缓慢加速，进行正常操作(如果前面测量过启动系，启动系会自动取充电电流的“零”点。若要求结果不需十分精确，则可不用进行此操作)。

④ 单击“数据/波形切换”按钮，可进行数据和波形之间的切换。

数据界面如图 3-10 所示。

界面分为左、右两部分，右部分表示在整个转速变化之内的数据，左部分表示在测量期间随着转速变化的全部柱状图。红色的是充电电流柱状图，粉红色的是充电电压柱状图。

4) 真空压力检测

(1) 总览。

图 3-11 所示的是真空压力检测界面，界面下方的按钮分别用于开始检测、切换波形、显示数据、保存、打印以及退出。

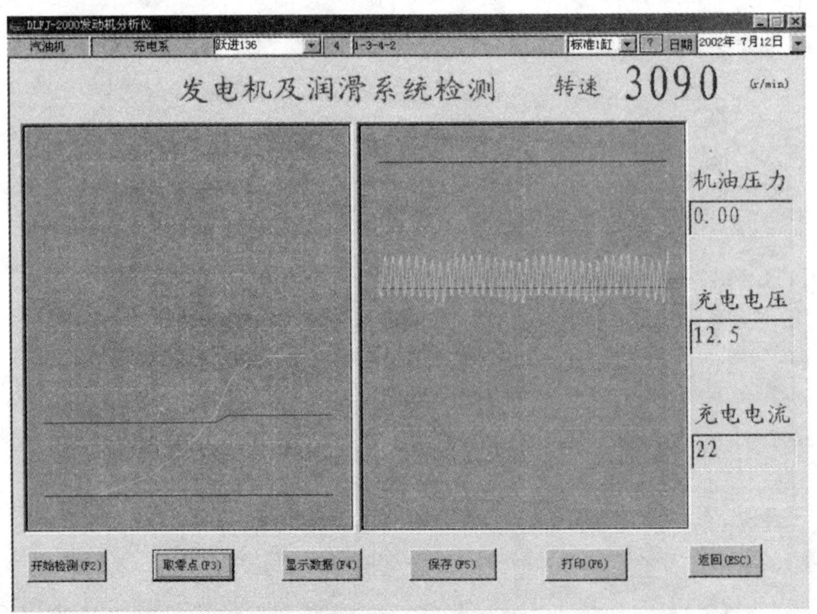

图 3-10 充电系检测中的数据/波形切换界面

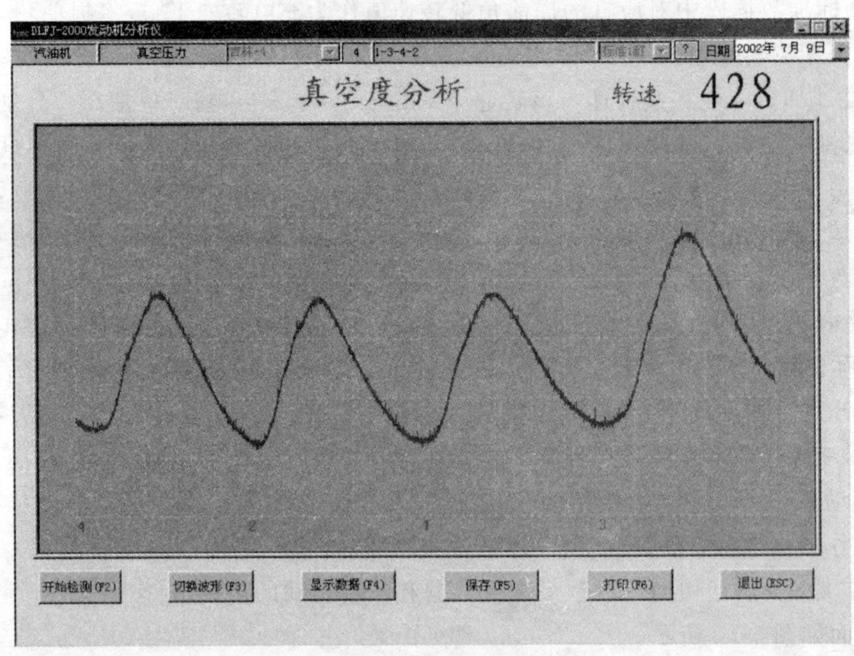

图 3-11 真空压力检测界面

(2) 连接。

① 必须接初级点火传感器、标准缸传感器和真空传感器。

② 初级传感器接法与启动系传感器连接中的初级点火传感器上的接法相同。

③ 标准缸传感器夹在任意缸上(最好是一缸,特别是一键检测或联网检测状态下,必须接

一缸)。若不是一缸,则需点击最上面一行的标准缸下拉框,选中标准缸传感器所夹的缸号,以便同步。

④ 将真空传感器通过橡胶软管接到进气歧管上,检测发动机进排气状况。

(3) 操作方法。

首先将发动机转速调到中速,再单击“开始检测”按钮,屏幕上显示出真空压力曲线。观察真空压力曲线,向上表示排气行程,向下表示进气行程。可根据具体情况,单击“切换波形”按钮,一共有 5 种波形显示方式,分别为平列波(即发动机一个完整周期波形)、并列波(每缸波形并排显示)、斜列波(每缸波形并排但起始位置有差异,有点错位,所以又称为差次波)、重叠波(每缸波形叠加在一起)、单缸波(某一缸的波形单独显示)。

单击“数据/波形切换”按钮,可随意切换数据与波形界面。数据界面如图 3-12 所示。

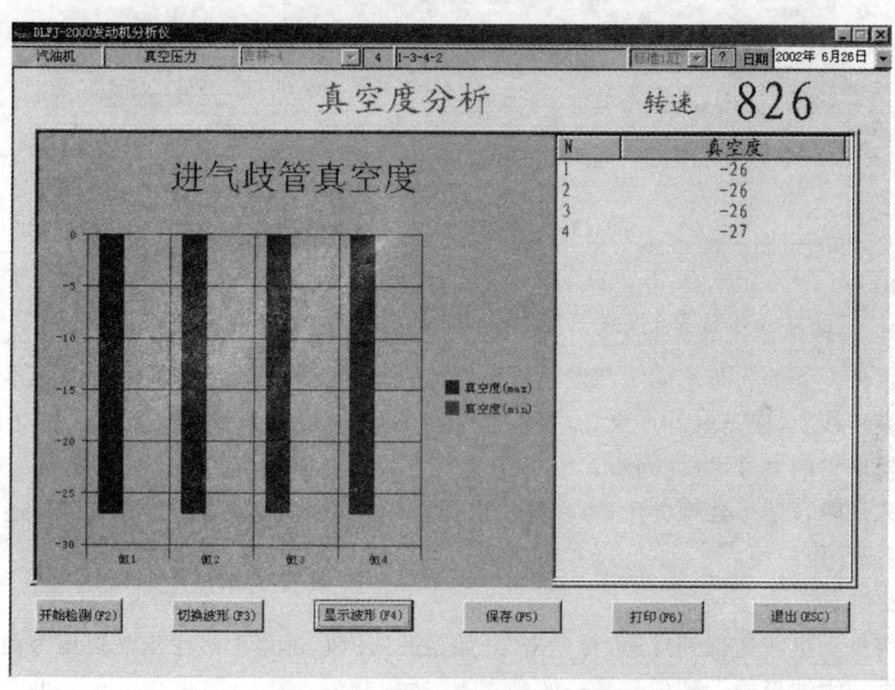

图 3-12　真空压力检测时的数据/波形切换界面

界面分为左、右两部分,右部分表示各缸的真空压力数据,左部分表示在测量期间随着时间变化而变化的各缸的真空压力柱状图。

5) 点火提前角缸压法检测

(1) 总览。

图 3-13 所示的是点火提前角缸压法检测界面,右方按钮分别是取提前角、停止检测、显示数据、保存、打印、返回。

(2) 连接。

① 将初级点火传感器上红鱼夹夹在点火线圈的初级低压线上,黑鱼夹夹在搭铁上(对电喷车或电子点火的汽油车,红色穿刺夹夹在点火线圈低压负极的连接线上。穿刺夹会自动地穿透连接线并与连接线内电线相连。由于穿刺针很细,拔开后穿刺造成的孔会自动消失,不影

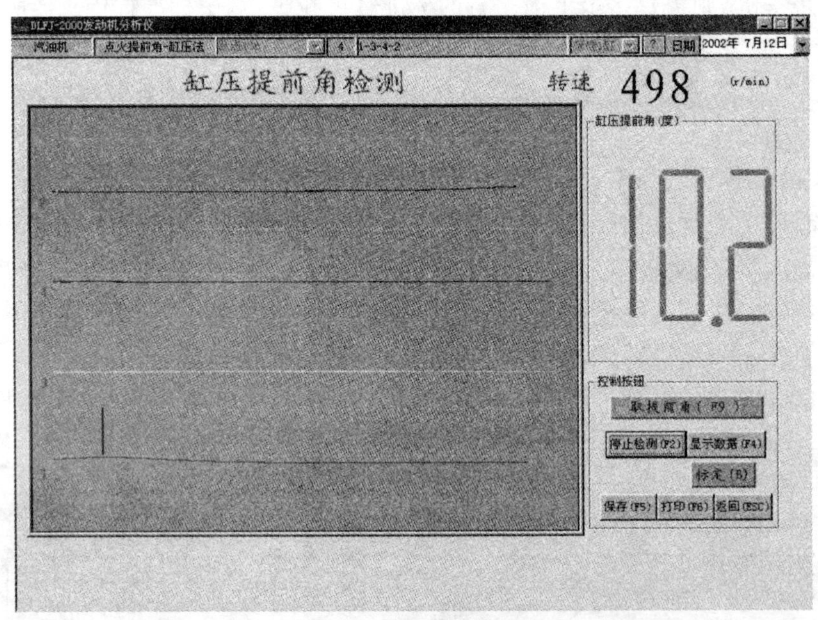

图 3-13　点火提前角缸压法检测界面

响线的使用)。

② 将缸压传感器代替火花塞拧在任一缸,最好是一缸上,以便作为提取上止点标志的信号,要拧紧(把拆下的火花塞固定在发动机机壳上,把高压线和火花塞连上,并将标准缸传感器夹在该缸高压线上,使该缸外点火)。若不是一缸,需点击最上面一行的标准缸下拉框,选中标准缸传感器所夹的缸号,以便同步。

由于采用隐含信号处理方法,可在缸压法提前角检测时,不用标准缸传感器,接成缸外点火状态,使操作更简便。

(3) 操作方法。

首先将发动机转速调到怠速,再单击"开始检测"按钮,屏幕上显示出气缸压力曲线。从最下面的气缸压力波形能看到向上微凸的最高点,这就是发动机的上止点。在上止点上能看到一条垂直的蓝线,它代表上止点的位置。等提前角数据稳定后,单击"取提前角(F9)"按钮,可以得到当前怠速下的点火提前角。再分别将发动机转速调到中速和高速,分别单击"取提前角(F9)"按钮,可以得到中速和高速下的点火提前角。计算机自动根据参数设定中的标准数据默认值里的标准提前角低转速、标准提前角中转速、标准提前角高转速的值,分别放入对应值里。

一键检测或联网检测状态时,首先将发动机转速调到怠速,逐渐地缓慢加速,在怠速、中速、高速时各自动取值,直到标准提前角高转速值后,自动退出,结束测量。

6) 单缸动力性检测

(1) 总览。

图 3-14 所示的是单缸动力检测界面,它用来观察每缸的工作性能是否良好。它通过在某一段时间内把某一缸熄火(由系统来控制),测量转速下降的多少来判断该缸的工作性能。单

缸功率平衡是衡量发动机各缸工作好坏的一个重要指标。用百分比表示各缸断火时对发动机的影响，百分比越小，说明该缸出的力就越小，甚至没干活。

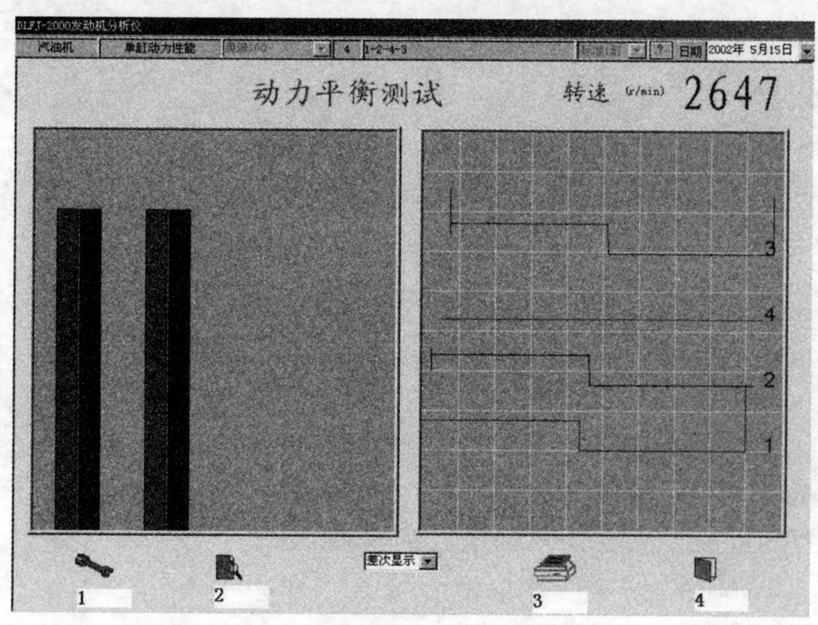

图 3-14　单缸动力检测界面

（2）连接。

必须接初级点火传感器、标准缸传感器。

初级传感器接法与启动系传感器连接中的初级点火传感器的接法相同。

标准缸传感器夹在任意缸上（最好是一缸，特别是一键检测或联网检测状态下，必须接一缸），无正反方向。若不是一缸，需点击最上面一行的标准缸下拉框，选中标准缸传感器的缸号，以便同步。

（3）操作方法。

将转速稳定在中速后，单击“开始检测”按钮，进入检测状态。首先出现初级并列点火波形，过 5 s 后，初级点火波形的最下面的一个缸开始短路，波形变矮。又过 5 s 后，初级点火波形开始恢复正常，波形复原。自动从标准缸开始，根据点火顺序一缸接一缸断火，直到全部断完，结束测量。在此项测量过程中，一定要稳定发动机的转速，否则测量无意义。

2. 数据的分析识别

1）启动系检测结果分析

启动系测量结果分为数据和波形曲线，数据主要有电瓶电压、启动电压、启动电流、电瓶压降、电瓶内阻、气缸压力、压缩压力比（也称相对缸压）等数据。

曲线分为上、下两幅，上幅表示在一个缸的一个周期之内的波形曲线，下幅表示在 4 s 测量期间的全部波形曲线。曲线分为启动电流曲线、启动电压曲线、压缩压力曲线、气缸压力曲线、真空压力曲线，如图 3-15 所示。

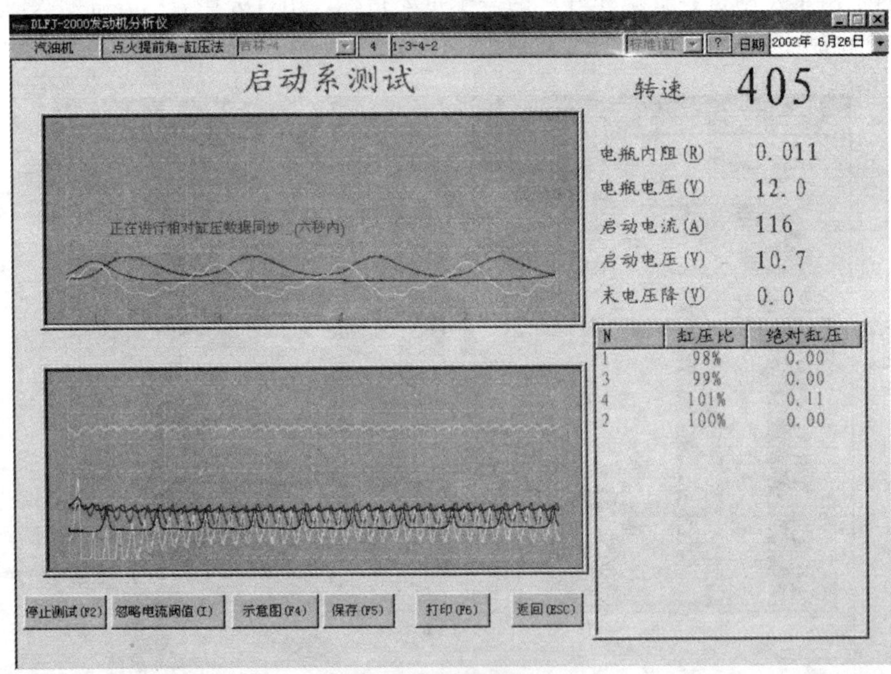

图 3-15　曲线

(1) 电瓶电压。

电瓶电压是电瓶空载时的电压值。

(2) 启动电压。

启动电压是汽油发动机在启动过程时电瓶加载的电压值。

(3) 启动电流。

启动电流是汽油发动机在启动过程时电瓶输出的电流值。

(4) 电瓶压降。

电瓶压降是启动电压末值和启动电压中值的差值，差别越大，说明电瓶亏电就越大。

(5) 电瓶内阻。

电瓶内阻是启动时电瓶输出的内阻。内阻越大，说明电瓶就越老化。

(6) 压缩压力比。

压缩压力比是由带动各缸运转的电流换算出的百分比，代表着各缸相对气缸压力的比值，其值越大，表示缸压就越高。当某一缸漏气时，其缸压降低，压缩压力百分比就小，其值为

$$压缩压力百分比=单缸压力值/平均压力值\times 100\%$$

(7) 气缸压力。

气缸压力是由缸压传感器直接测量出来的，用缸压绝对值表示。

(8) 启动电流曲线。

黄颜色的曲线是启动电流启动后变化的曲线，当开始启动的瞬间，起动机所用的电流是非常大的。经过 1～2 s 的时间，启动电流就比较稳定。电瓶内阻越大或起动机不好，启动电流的曲线就越粗。

(9) 启动电压曲线。

黄颜色的曲线是电瓶启动后的变化曲线，启动电压中间值为启动电压，即发动机启动时电瓶的稳定电压。电瓶压降是启动电压末值和启动电压中值的差值，差别越大，说明电瓶亏电就越大。

(10) 压缩压力(相对缸压)曲线。

① 白颜色曲线是发动机压缩压力曲线，代表着相对缸压曲线。当某一缸漏气时，其缸压曲线降低，压缩压力百分比就小。该缸压力值较低，其原因可能是活塞环、气门或气缸垫等处漏气。

② 如压缩压力曲线不圆滑、有毛刺，表示起动机炭刷接触不好。

③ 若两相邻的缸压值偏低或很低，而其他缸正常，则表示两缸间的气缸垫漏气或缸盖螺丝未拧紧。

④ 一缸或数缸压力值偏高，汽车行驶中又出现过热和突爆，则表示积炭太多或几次修理后压缩比有了变化。

⑤ 同一缸几次测得的压力值时高时低，相差很大，则表示气门有时关闭不严。

⑥ 测得压力值低时，可通过火花塞孔往缸内注入 20～30 mL 清洁的机油，再测试，若气缸压力高起来，则表示活塞环处漏气；若气缸压力还低，则可能是气门漏气所造成的。

(11) 真空压力曲线。

真空压力曲线代表着进气与排气冲程的变化，显示的缸号是压缩压力曲线的缸号，真空压力曲线的缸号是压缩压力缸号的对应缸(即 1 缸的对应缸是 4 缸。当 1 缸做压缩冲程向上运动时，4 缸做排气冲程也向上运动。当 1 缸做功冲程向下运动时，由于 1 缸进气门与排气门均关闭，对真空压力不产生影响。而 4 缸做功进气冲程也向下运动时，对真空压力产生影响，造成真空压力曲线向下运行)。

(12) 各缸压缩压力与真空压力曲线。

通过压缩压力(相对缸压)观察压缩与做功冲程时发动机的变化，可观察歧气管真空压力曲线的变化，发现进气与排气冲程的变化，从而可观察到发动机的 4 个冲程压力变化状况，这可定性地分析各种有关的故障。

2) 功率检测结果分析

(1) 加速时间。

当发动机测功时，发动机转速从低向高上升。发动机转速超过用户设定的下限转速时开始计时，发动机转速继续升高，直到设定的上限转速为止，这段时间为加速时间，加速时间越短，发动机功率越大。

(2) 减速时间。

当发动机转速从高往低下降时，发动机转速超过用户设定的上限转速时开始计时，发动机转速继续下降，直到设定的下限转速为止，这段时间为减速时间，减速时间越短，发动机内部的摩擦力就越大。

(3) 功率。

表示发动机的无负荷功率。对于新的车型，输入正确的“K”系数，才能准确地显示出测量的功率值，否则显示功率会根据“K”系数的偏大而偏大，或相反。

(4) K 系数。

“K”系数就是发动机转动惯量，每一种发动机的转动惯量是不相同的。

如果不输入“K”系数，检测功率时，就没有功率数值，它可以通过实验得到。可将本车型的一辆正常车输入“K”系数为“0.1”，将所测的显示功率的数值记录下来，而用在水力测功机得到实际功率值(或底盘测功机换算出的发动机功率)和在检测仪测量得到的显示功率值之比求出“K”值，即

K＝实际功率/显示功率×原功率系数(原 K)

经多次测量得到一个“K”系数，再将多辆车做同样的实验取平均值，即可得到一个平均的“K”系数，并将这个“K”系数输入数据库(即新车信息)，即完成这种车型的功率标定。它也可通过资源共享、用户之间相互交流得到不同车型的“K”系数。

最简单的方法是找一辆刚过磨合期的新车，认为它的功率就是说明书上所写的功率值，利用上述方法经过多次实验来获得。

(5) 平均值

自动将每一次测量的结果去掉一个最高值和最低值，余下的值取平均显示在平均值上。

3) 充电系检测结果分析

充电系测量结果分为数据和曲线，数据主要有充电转速、充电电压、充电电流和机油压力等数据。曲线分为左、右两幅，右幅表示在一个缸的一个周期之内的波形曲线。左幅表示在测量期间测量量随着转速变化而变化的全部波形曲线。曲线分为充电电压曲线、充电电流曲线、机油压力曲线等。

(1) 充电电压与曲线。

充电电压是指电压传感器的电压，用白色曲线表示。屏幕右边的是电压动态波形，屏幕左边的是电压整体曲线波形，表示电压随转速变化而变化的情况。横轴以最低充电转速为起点，最高充电转速为终点。

(2) 充电电流与曲线。

充电电流是指发电机给电瓶充电的电流，用红色曲线表示。屏幕右边的是电流的动态波形，屏幕左边的是电流整体曲线波形，表示电流随转速变化而变化的情况。

正常的情况下，发动机充电电流在中速时的电流值最大不超过 20 A。到高速后，电压调节器通过发电机磁场串联的小电阻起作用，抑制充电电流，充电电流应有所下降，否则表示电压调节器损坏。

(3) 机油压力曲线。

机油压力曲线用红色曲线表示，是指发动机的机油压力传感器上的信号，表示机油压力随转速变化而变化的供油状况。

单击“显示数据波形”按钮，可将屏幕上显示结果进行数据与波形切换。

4) 真空压力检测分析

(1) 没有真空压力值。

这表示真空传感器没接，或真空传感器的三通的另一头没接或没堵上。

(2) 真空压力值偏小。

这表示真空传感器接头漏气，或真空传感器串接在化油器与分电器之间的真空管上，比接到进气歧管上的气阻要大，所以其值偏小。

5) 点火提前角缸压法检测结果分析

怠速提前角是特定数据，也称为初始提前角，该数据必须符合原车出厂规定，这是提前角的基准数据。提前角过大或过小，会造成发动机点火提前或滞后，使发动机功率下降。中高速时用提前角的增加值判断真空和离心式提前点火装置是否起作用，拆去真空管，即可测出纯离心提前角，总提前角减去离心提前角即为真空提前角。各转速下提前角不够大，可从分电器离心块张紧弹簧过硬、离心块卡滞或锈死、真空机构失灵、漏气等方面考虑。

对提前角调整时，最好在底盘测功机上加载调整，才可得到在各种负载和转速下真实的提前角。

6) 单缸动力性检测结果分析

(1) 下降转速。某一缸断火时，发动机转速比正常转速下降了多少转，下降转速越多，说明该缸工作得越好。

(2) 下降转比。用百分比表示各缸断火时对发动机的影响，百分比越小，说明该缸出的力就越小，甚至没干活，下降转比为

下降转比＝(断火前转速－断火后转速)/断火前转速× 100％

实施三　任务检测

任务检测单

任务名称	检测模块与参数识别		
小组成员			
完成时间		整体完成情况	
检测情况	检测项目	检测情况	
	发动机模块检测		
	数据的分析识别		
	检测仪的连接		
	生产现场的6S管理		
检测人签字			

实施四 任务评价

任务评价表

班级： 组别： 姓名：

项目	评价内容 （请在对应条目的○内打"√"或"×"，不能确定的条目不填，可以在小组评价时让本组同学讨论并写出结论）	评价等级（学生自评） A 全部为√	 B 有一至三个×	 C 有多于三个×
关键能力自评	○按时到场 学习期间不使用手机、不玩游戏○ ○工装齐备 未经老师批准不中途离场○ ○书、本、笔齐全 无违规操作○ ○不追逐打闹 无早退○ ○接受任务分配 先擦净手再填写工作页○ ○不干扰他人工作			
	○工作服保持干净 无安全事故发生○ ○私人物品妥善保管 使用后保持工具整齐干净○ ○工作地面无脏污 能及时纠正他人危险作业○ ○工作台始终整洁 废弃物主动放入相应回收箱○ ○无浪费现象 未损坏工具、量具及设备○ ○参与了实际操作			
	○课前有主动预习 本小组工作任务能按时完成○ ○与本组同学关系融洽 主动回答老师提问○ ○积极参与小组讨论 能独立规范操作○ ○接受组长任务分配 能主动帮助其他同学○ ○能独立查阅资料 不戴饰物，发型合规○ ○工装穿戴符合要求			
专业能力自评	○能按时完成工作任务 能独立完成工作页○ ○工量具选用准确 没有失手坠落物品○ ○无不规范操作 指出过他人的不规范操作○ ○完成学习任务不超时 暂时无任务时不无所事事○ ○学习资料携带齐备 工作质量合格无返工○			
小组评语及建议	他（她）做到了： 他（她）的不足： 给他（她）的建议：	组长签名： 年 月 日		
教师评价及建议		评价等级： 教师签名： 年 月 日		

相关知识

知识一　发动机综合性能检测的基本内容及特点

1. 概述

发动机是汽车的动力源，是汽车的心脏，汽车的一些基本技术性能都直接或间接地与发动机的相关性能相联系。因此，发动机综合性能的检测对整车性能的了解至关重要。

发动机综合性能检测主要是在检测线上或汽车调试站内就车对发动机各系统的工作状态，如点火、喷油、电控系统和传感元件，以及进排气系统和机械工作状态等的静态和动态参数进行分析的过程。它为发动机技术状态判断和故障诊断提供科学依据，有专家系统的发动机综合分析仪还具有故障自动判断功能，有排气分析选件的综合分析仪还能测定汽车排放指标。

1）发动机综合性能检测仪的基本功能

(1) 无外载测功功能，即具有加速测功的功能。

(2) 检测点火系统。初级与次级点火波形的采集与处理，平列波、并列波与重叠和重叠角的处理与显示，断电器闭合角、开启角及点火提前角的测定等。

(3) 机械和电控喷油过程各参数(压力、波形、喷油脉宽、喷油提前角等)的测定。

(4) 进气歧管真空度波形测定与分析。

(5) 各缸工作均匀性测定。

(6) 启动过程参数(电压、电流、转速)测定。

(7) 各缸压缩压力判断。

(8) 电控供油系统各传感器的参数测定。

(9) 万用表功能。

(10) 排气分析功能。

发动机综合性能检测仪是所有汽车检测设备中功能最多、检测项目和涉及系统最广的装置，因而它的结构也较复杂，技术含量也较高。事实上随着电子技术在汽车领域的飞速发展，原始的 EFI(electronic fuel injection)控制功能已延伸到汽车底盘和传动系的电子系统，成为控制面更广的电子管理系统 EMS(electronic management system)，现代研制的发动机综合分析仪的功能早已超越出了发动机的范畴，增加了诸如 ABS (anti-lock braking system)、ASR (acceleration slid regulation)等底盘系统的测试功能。因此，对发动机综合性能检测仪的管理和操作人员在使用、保养方面的培训应倍加关注。

2）发动机综合性能检测仪的特点

区别于解码器和一般的发动机单项性能的检测仪，发动机综合性能检测仪具有以下三大特点。

(1) 动态的测试功能。

它的传感系统和信号采集与记忆功能能迅速准确地捕获发动机各瞬变参数的时间函数曲

线，这些动态参数才是对发动机进行有效判断的科学依据。

(2) 通用性测试过程不依据被检车辆的数据卡(即测试软件)，只针对基本结构和各系统的形式和工作原理进行测试，因此它的检测结果具有良好的普遍性，其检测方法同样也具有最广泛的通用性。

(3) 主动性发动机综合性能检测仪不仅能适时采集发动机的动态参数，而且还能主动地发出指令干预发动机工作，以完成某些特定的试验程序，如断缸试验等。

2. 发动机综合性能检测仪的基本组成

目前各主要工业国家的有关厂家开发的发动机综合性能检测仪，千差万别，形式各异。但就一台配置齐全、性能良好的检测仪而言，概括起来不外乎由信号提取系统、信号处理系统、采控与显示系统三大部分组成，如图 3-16 所示。

图 3-16　发动机综合性能检测装置的组成

图 3-17 所示的为发动机综合性能检测仪一般结构形式的外形图。

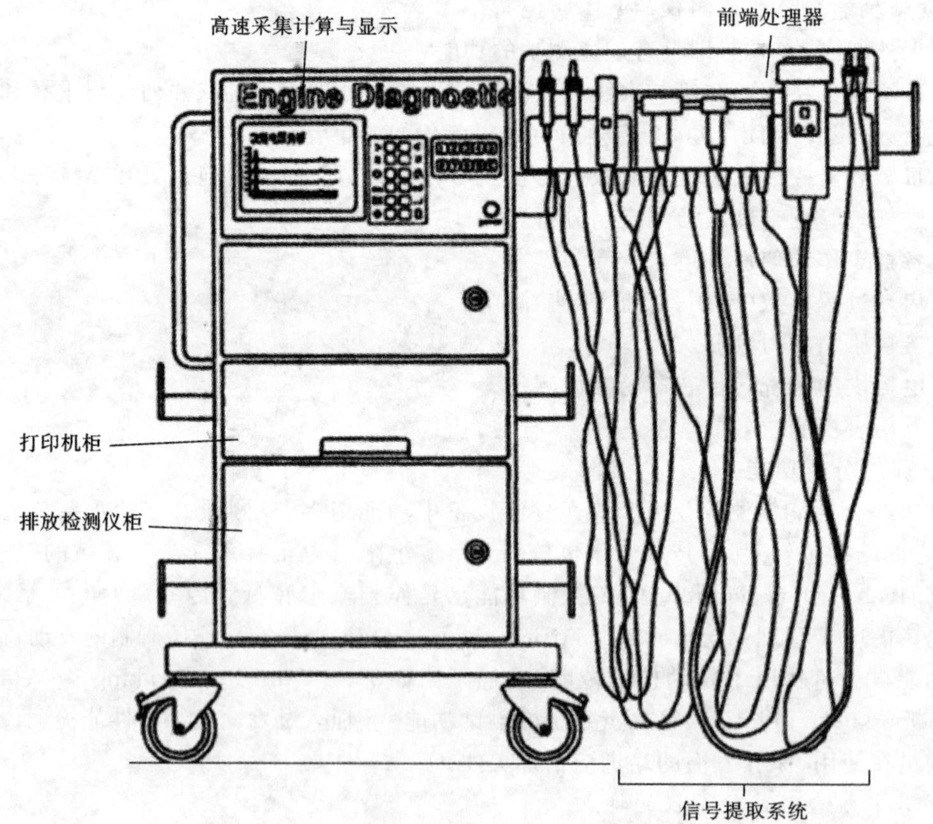

图 3-17　发动机综合性能检测仪的外形图

1) 信号提取系统

信号提取系统的任务在于拾取汽车被测点的参数值，鉴于被测点的机械结构和参数性质不同,信号提取系统必须具有多种形式,以适应不同的测试部位。图 3-18 所示的为大多数发动机综合性能检测仪的信号提取系统,这一系统是由一些不同形状的接插头或探头组成的,以它们接触的形式不同可以分为三类。

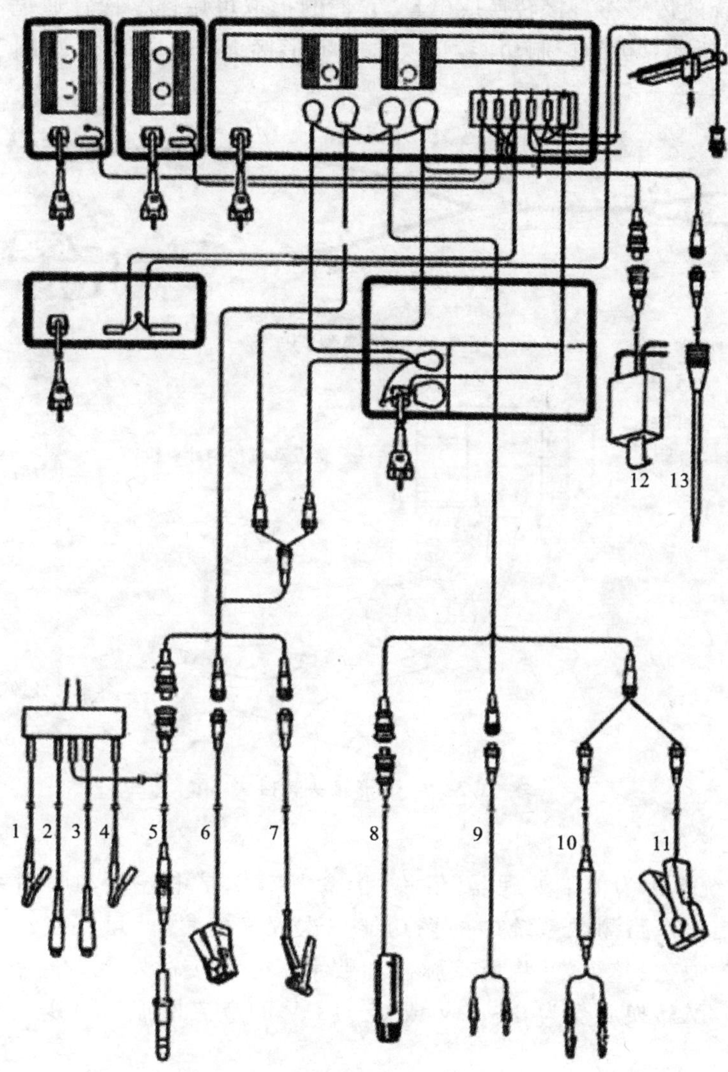

图 3-18　信号提取系统

1、4—蓄电池夹(红色为正极,黑色为负极);2、3—点火线圈初级接线夹或电容式夹持器;5—电磁式 **TDC** 传感器;6,7—夹持器;8—频闪灯;9—探针;10—鳄鱼夹;11—电流互感钳;12—压力传感器;13—温度传感器

第一类是直接接触式的。件 1 和件 4 接蓄电池的正、负极,件 2 和件 3 接点火线圈初级的正、负极,件 9 为测试各传感器时的接头,它可以再转接各类结构的探针以适应不同的测试点,件 10 两个鳄鱼夹由一个分流器引出,用于测定发电机电流。

第二类是非接触式的,如图 3-19 所示。电感式或电容式夹持器 6 和 7 分别钳于一缸点火线上和点火线圈高压线上以获得点火信号,件 11 实际上是一个电流互感器,夹持在蓄电瓶线上,可感应出启动电流。

第三类是非电量式的。对于非电量参数就必须先经过非电量式传感器将非电量转变成电量，如件 5 电磁式 TDC 传感器提供上止点信号，频闪灯 8 可寻找点火提前角，压力传感器 12 可将进气管或喉管真空度转变成电量，而件 13 可将机油温度和冷却液温度等参数转换为电压值。对于电控燃油喷射(EFI)发动机，因计算机计算喷油脉宽和自动控制过程的需要，各非电量已被植入各系统的传感器直接转换成电量，它们的提取可用件 9 探针通过不同的转接头来完成，但为了不中断计算机的控制功能，必须通过 T 形接头来提取信号，如图 3-20 所示。

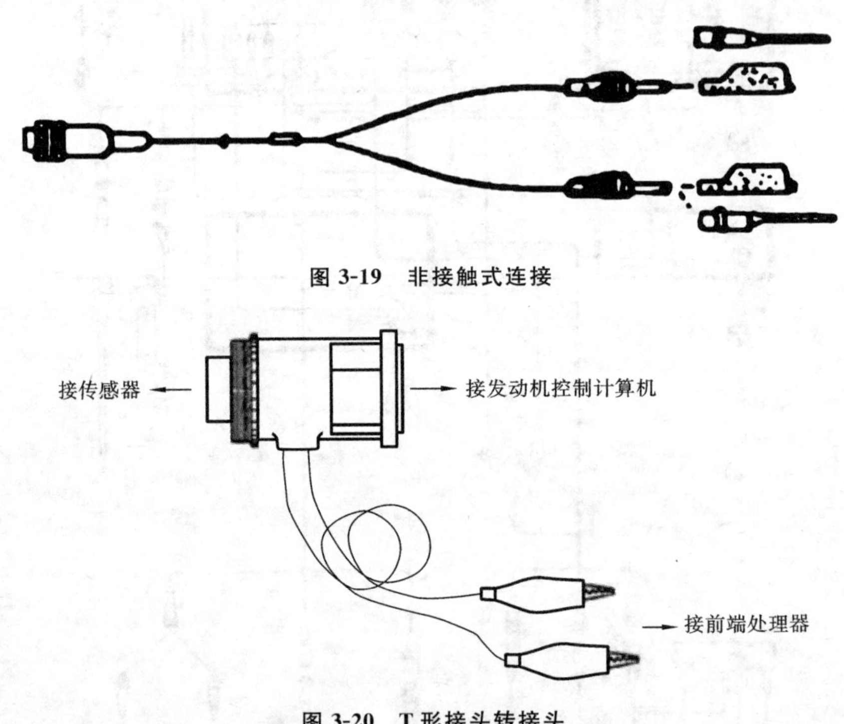

图 3-19　非接触式连接

图 3-20　T 形接头转接头

2）信号处理系统

信号处理系统也称为前端处理器，俗称“黑盒子”，它是电控燃油喷射系统检测的关键部件，其作用相当于多路测试系统中的多功能二次仪表的集合，可将发动机的所有传感信号，经衰减、滤波、放大、整形，并将所有脉冲和数字信号直接输入中央控制器的高速输入端(HSI)，也可经 F/V 转换后变为 0～5 V 或 0～10 V 的直流模拟信号送入高速瞬变信号采集卡。

发动机上装配的传感器是发动机控制和判断发动机故障的关键部件，但其输出的电信号千差万别，不能被车载计算机或发动机分析仪的中央控制器直接使用，必须经过预处理转换成标准的数字信号后送入计算机。

车载传感器的输出信号从电子学角度，分为模拟信号和频率信号等两种，应采取不同的处理方法。

对于模拟信号，如温度传感器、压力传感器、节气门位置传感器等，其幅值为 0～5 V，频率变化比较缓慢，主要的处理手段是对其进行低通滤波和信号隔离。经低通滤波后的纯净低频信号再经过隔离装置送入 A/D 转换器，以消除模拟电路和数字电路的共地干扰。对于低频模拟信号多采用隔离放大器隔离，即采用变压器隔离方式；也有先将模拟信号进行 V/F 转换，然后由光电隔离器再进行 F/V 转换的，但后一种方法多用于需远距离传输信号的场合。模拟信号有一些幅值较小，如氧传感器信号幅值为 0～1 V，废气分析仪的电气接口输出信号幅值多为 0～50 mV，这些信号若直接送入 A/D 转换器，由于不能充分利用 A/D 转换器的精度，转换精度很低，故须对其做放大处理。由于信号幅值存在差异，故一般要采用程控放大器，对不同的传感器输出信号由软件控制分配，用不同的放大倍数使输出信号幅值达到 A/D 转换器的全量程范围，以提高 A/D 转换器的精度。当然，这些信号经程控放大器放大以后，仍须经过低通滤波和信号隔离才能进行 A/D 转换。模拟信号中也有一些大幅值信号，如启动电压，须经过衰减以后再由低通滤波和隔离方能进行 A/D 转换。模拟信号中还有一些信号，如初次级点火、爆震、喷油脉冲、启动电流等信号，或具有较高的频率，或具有较高的电压、电流幅值，这些信号须特殊处理。例如，初次级点火信号，由于线圈的自感和互感作用，其电压幅值可达 300 V或 30 kV，甚至更高，故须利用电压衰减器进行衰减，再进行后继处理；另外由于其频率很高(可达 1 MHz 以上)，故须使用高速 A/D 转换器，才能保证转换后的信号不失真(即经数学处理后，准确复原信号)。启动电流的峰值可达 200 A 以上，无法直接测量，须利用电流互感器转换成 0～5 V 的电压信号再进行测量。车用爆震传感器和柴油机喷油压力传感器多用压电晶体作为敏感元件，其输出信号为电荷量，故须采用电荷放大器作为前级放大，且要从频率非常丰富的振动信号中准确提取有效信号，因而必须对其进行带通滤波。喷油脉冲在喷油器的电磁线圈断电瞬间也会由于自感作用而产生 40 V 左右的振荡，对此可利用电阻分压器分压，再进行后继处理。

对于频率信号，如发动机的转速、判缸信号、车速信号等，由于多选用电磁式、霍尔效应式和光电式传感器，其输出信号本身即为数字脉冲，但由于在传输过程会衰减、交变电磁波辐射等，也易形成一定程度的失真，故须对其进行整形。这多用电压比较器或施密特触发器来实现。整形后输出的标准数字脉冲，再经高速光电隔离器送入后继电路，以消除其干扰，提高系统的工作可靠性。

为了实现传感器的准确测量，不影响发动机的正常运转，进行信号提取时必须保证电路有足够高的输入阻抗，而且为了保证预处理系统的主板安全，对各路输出信号均采取了限幅措施。

3）采控与显示系统

台式和柜式发动机综合性能检测仪多采用 14 英寸彩色显示器，手提便携式仪器则用小型液晶显示器。检测仪都能醒目地显示操作菜单，实时显示当前动态参数和波形，十字光标可显示曲线任一点的数值，同时也可显示极限参数的数值，并配以色棒显示，以示醒目。用户可任意设定显示范围和图形比例。

为捕捉喷油爆震等高频信号，采集卡一般具有高速采集功能，采样率可达 10 Mb/s，量化精度不低于 10 b，并行两通道，有存储功能以供波形回取，锁定波形供观察分析或输出、打印之用。

3. 点火系检测与波形分析

1）点火系检测

在汽油发动机各系统中，点火系对发动机的性能影响最大。统计数据表明，有将近一半的故障是因为电气系统工作不良而引起的，因此发动机性能检测往往从点火系开始。

首先使用先进电子技术的当属点火系，而形式结构和工作原理更新最快的也非点火系莫属。现用点火系大体分为以下四类，它们在检测时的接线有所不同，必须区别对待。

(1) 由电磁、红外或霍尔元器件构成的非接触式断电器组成的点火系称为无触点点火器，其放大电路又分晶体管电路和电容放电电路等两种。

(2) ECU(electronic control unit)控制的点火系由 ECU 中的微处理器根据曲轴转角传感器的信号确定点火时刻，因而它没有断电器，只有分电器，根据 ECU 送来的信号直接控制点火线圈初级电路的通断。

(3) 无分电器点火系(distributor-less ignition)是当前最先进的点火系。曲轴传感器送来的不仅有点火时刻信号，而且还有气缸识别信号，从而使点火系能向指定的气缸在指定的时刻送去点火信号，这就要求每缸配有独立的点火线圈。但如果是六缸机则 1 和 6 缸、2 和 5 缸、3 和 4 缸分别共用一个点火线圈，即共有三个点火线圈，显然每一个点火线圈点火时，总有一个缸是空点火，检测时应注意到这一点。

(4) 无触点点火系能使用低阻抗电感线圈，从而大幅度提高初级电流，使次级电压高达 30 kV以上，增强点火能量以提高点燃稀混合气的能力，在改善燃料经济性的同时也降低排气污染。无分电器点火系完全采用电子器件而无机械运动部件，彻底解决了凸轮和轴承磨损以及触点烧蚀间隙失调而引起的一系列故障。

2) 点火波形分析

(1) 触点式点火系波形。

在发动机综合性能检测仪的操作面板上按菜单选择操作，使采控系统进入波形显示状态，选择当时即可得到的点火波形，如图 3-21 所示(具体的操作步骤按所用仪器的使用说明书进行)。图 3-21 所示的为触点式点火系的正常点火波形，上面的为次级波，下面的为初级波。图中 A 为触点开启段；B 为触点闭合段，是点火线圈的充磁区。

① 触点开启点：点火线圈一次回路切断，次级电压被感应急剧上升。

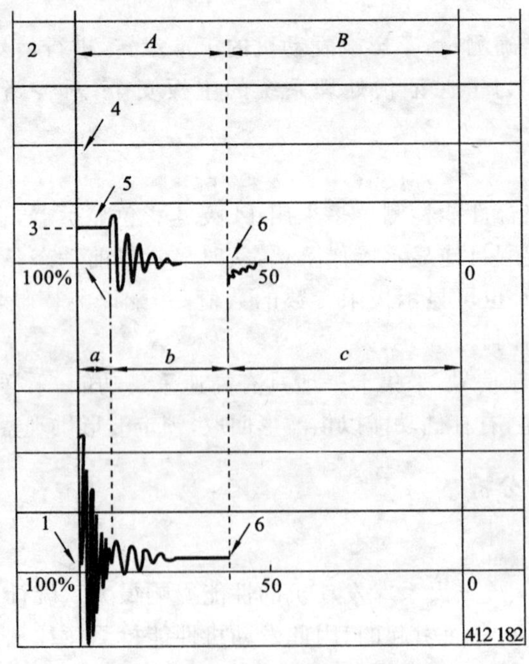

图 3-21　触点式点火系的点火波形

② 点火电压：次级线圈电压克服高压线阻尼、断电器间隙和火花塞间隙而释放充磁能量。

③ 火花电压：为电容放电电压。

④ 点火电压脉冲：为充电、放电段。

⑤ 火花线：电感放电过程，即点火线圈的互感电压能维持二次回路导通。

⑥ 触点闭合：电流流入初级线圈，因初级线圈的互感而产生振荡。

a 段为在火花持续期内因磁感应而在初级线路上产生的电压振荡。

b 段为火花期后，剩余的磁场能量产生的衰减振荡。

c 段为初级线圈的闭合段。

从这一波形图上可以清晰地看到，断电器触点闭合角、开启角，以及击穿电压和火花电压的幅值，并可以测试到火花的延迟期和两次振荡过程。对于无故障点火系统，触点闭合角为全周期的45%～50%（四缸机）或63%～70%（六缸机），八缸机的为64%～71%，击穿电压超过15 kV，火花电压为9 kV左右，火花时间大于0.8 ms。这些数值或波形异常，就意味着故障的出现或系统需要调整。

（2）无触点点火系波形。

图3-22所示的为无触点电子点火系的正常点火波形。与有触点者相比，因其初级电路的通断不是机械触点的合与开，而是晶体管的导通与截止，由图可知，在持续期内初级电压没有明显的振荡，而充磁过程中因限流作用电压有所升高。这一变动是因点火线圈的感应引起次级电压线相应的波动所形成的（见图中点2），这是无触点点火波形的正常现象，检测时需注意这一点。

（3）无分电器点火系波形。

无分电器点火系中两缸共用一个点火线圈，这将会发生一个缸在循环中点火两次的情况，其中一次在压缩过程末期（见图3-23(a)），是有效点火，该工况下因气缸内为新鲜可燃混合气，其电离程度低，因此击穿电压和火花电压较高；另一次是在排气过程末期（见图3-23(b)），是无效点火，该工况下因气缸内为燃烧废气，其电离程度高，因而击穿电压及火花电压较低，检测时应加以区分。

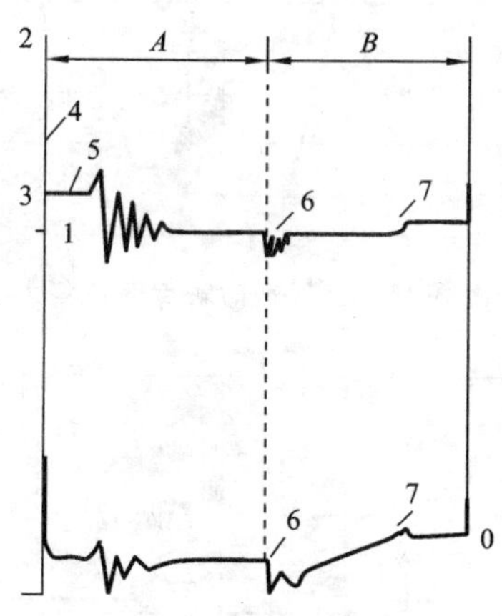

图3-22　无触点电子点火系的点火波形

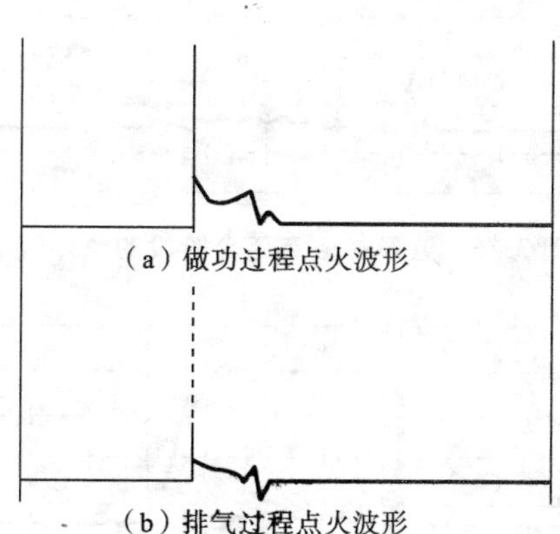

图3-23　无分电器点火系的点火波形

3）故障波形分析

造成故障波形的原因很多，现场测得的故障波形也十分复杂，以下只就一些较常见的典型故障波形进行简略分析。

(1) 初级电压波形分析。

根据发动机综合性能检测仪所采集到的各类故障初级电压波形，可以分析点火系断电电路有关电气元件和机械装置的状态，为断电电路的调整和维修提供可靠的依据，以避免盲目拆卸。

图 3-24 所示的波形在触点开启点出现大量杂波，显然是触点严重烧蚀而造成的，打磨触点或更换断电器即可证实。

图 3-25 所示的初级电压波形在火花期间的衰减周期数明显减少，幅值也变低，显然是电器漏电造成的。

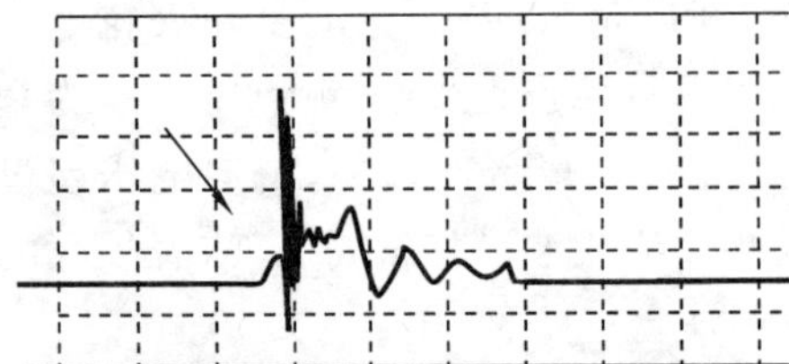

图 3-24　波形在触点开启点出现大量杂波

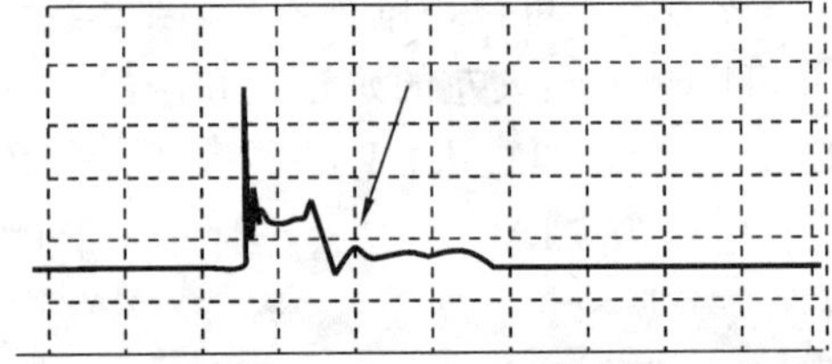

图 3-25　初级电压波形在火花期间的衰减周期数明显减少

图 3-26 所示的波形在触点闭合阶段有意外的跳动，造成这种现象的原因是触点因弹簧力不足而引起不规则跳动。

图 3-27 所示的曲线在充磁期时触点闭合角太小，一般由触点间隙过大造成。

触点接地不良就会引起低压波水平部分的大面积杂波，如图 3-28 所示。

图 3-29 所示的为电子点火系的低压故障波形，对比图 3-23 所示的正常波形，在充磁阶段电压没有上升，说明电路的限流作用失效，无分电器点火系无元件可调整，当这一波形严重失真时，只能逐个更换诸如点火线圈、点火器、点火信号发生器和凸轮轴位置传感器等，找出故障器件或模块。

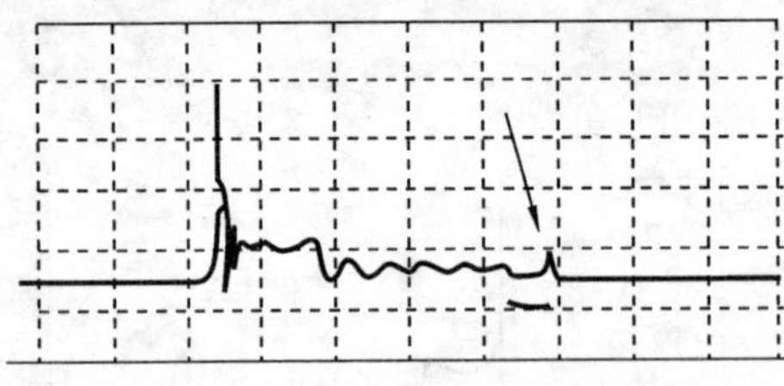

图 3-26　波形在触点闭合阶段的意外跳动

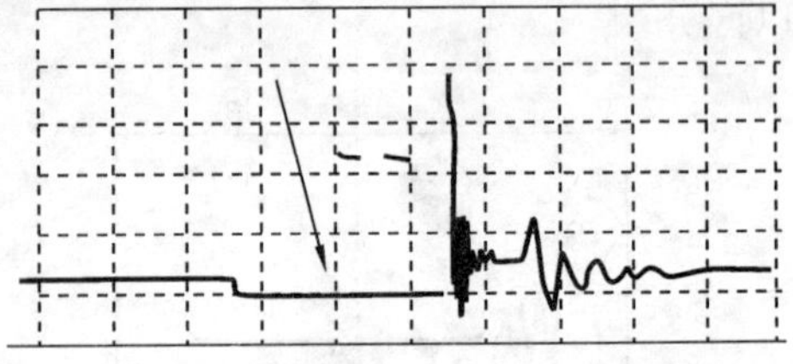

图 3-27　充磁期时触点闭合角太小

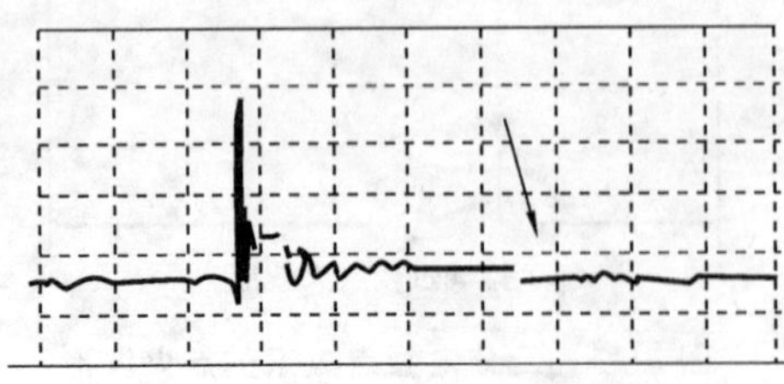

图 3-28　接触不良引起的大面积杂波

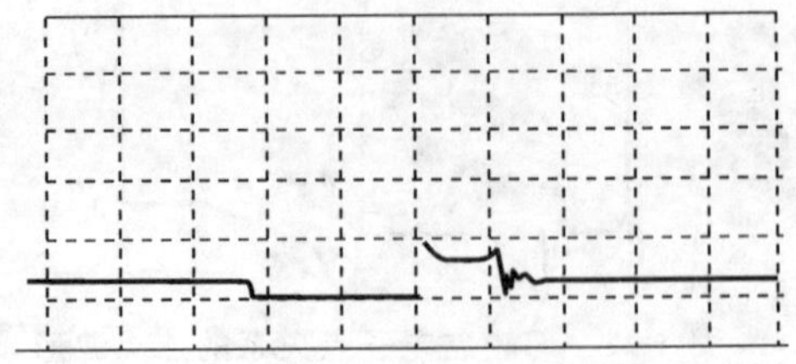

图 3-29　电子点火系的低压故障波形

(2) 次级电压波形分析。

正常情况下，各缸击穿电压为 10～20 kV，各缸击穿电压差别应不超过 2 kV。为了初步检测高压线路，简单易行的方法是，首先逐个将各缸火花塞接地，如第 3 缸火花塞短路的平列波如图 3-30 所示。正常情况下第 3 缸击穿电压应不小于 5 kV，否则说明该缸高压系统接地或绝缘不良。

如果将第 3 缸的高压线取下使之开路，则正常情况下该缸击穿电压应超过 10 kV，如图 3-31所示。如果明显高于这一值，则表明高压系统元件如高压线、点火线圈有开路现象，有时低压系统电容器严重漏电也会出现这种情况。

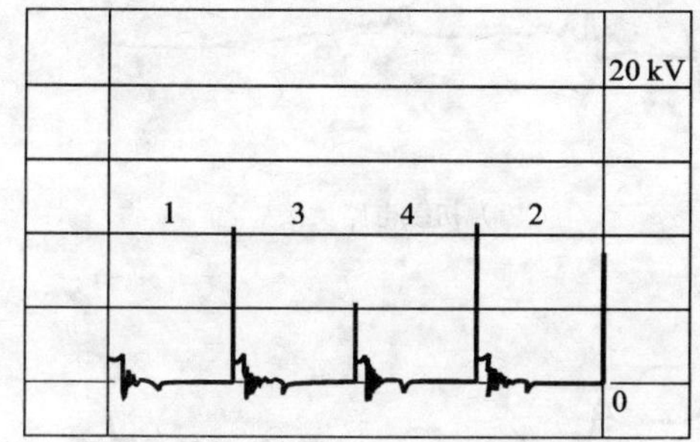

图 3-30　第 3 缸火花塞短路的平列波

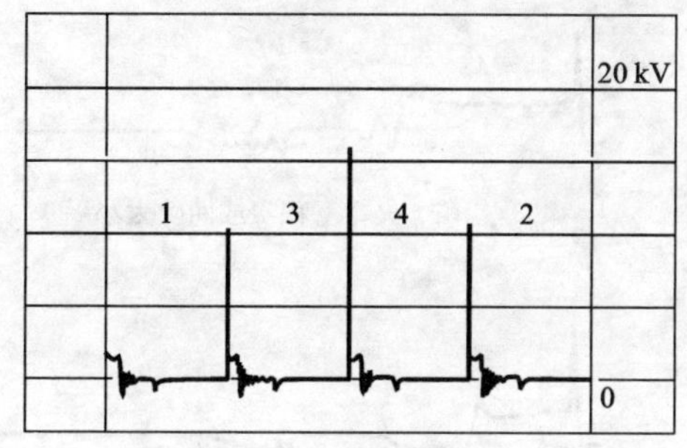

图 3-31　第 3 缸的击穿电压

上面分析的初级故障波形必将在次级波形上有所反映。另外，二次波形还受火花塞、燃烧过程、混合气成分、发动机热状态、点火线圈等的影响，情况较为复杂。以下列举一些实测的二次故障波形，因导致故障的因素是多方面的，图 3-32 所示的故障解释只是故障形成的主要因素。

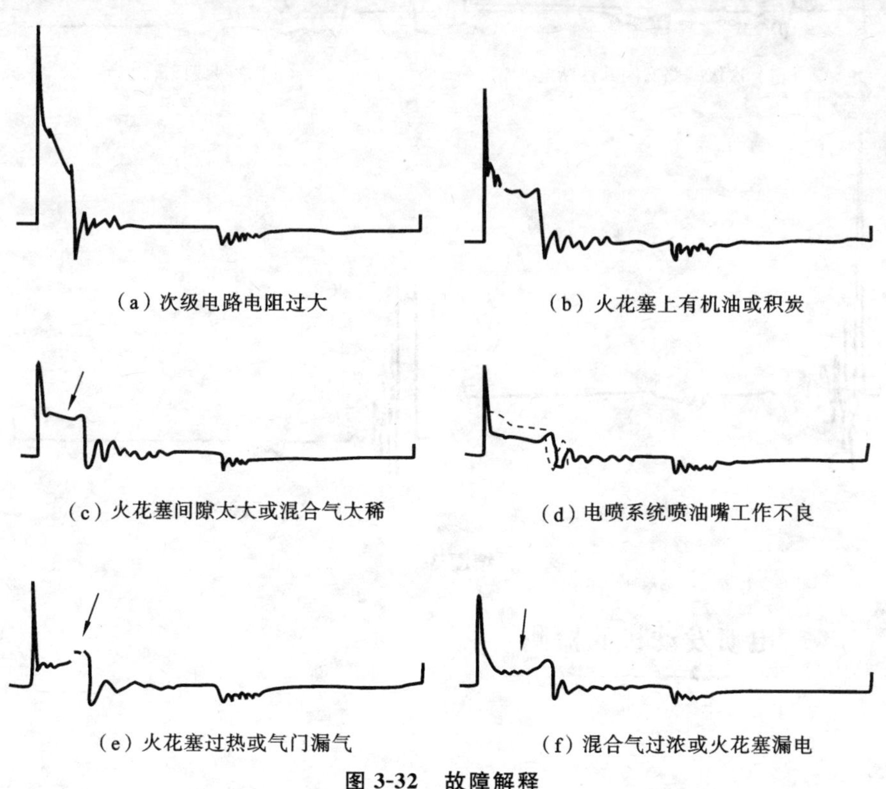

(a) 次级电路电阻过大

(b) 火花塞上有机油或积炭

(c) 火花塞间隙太大或混合气太稀

(d) 电喷系统喷油嘴工作不良

(e) 火花塞过热或气门漏气

(f) 混合气过浓或火花塞漏电

图 3-32　故障解释

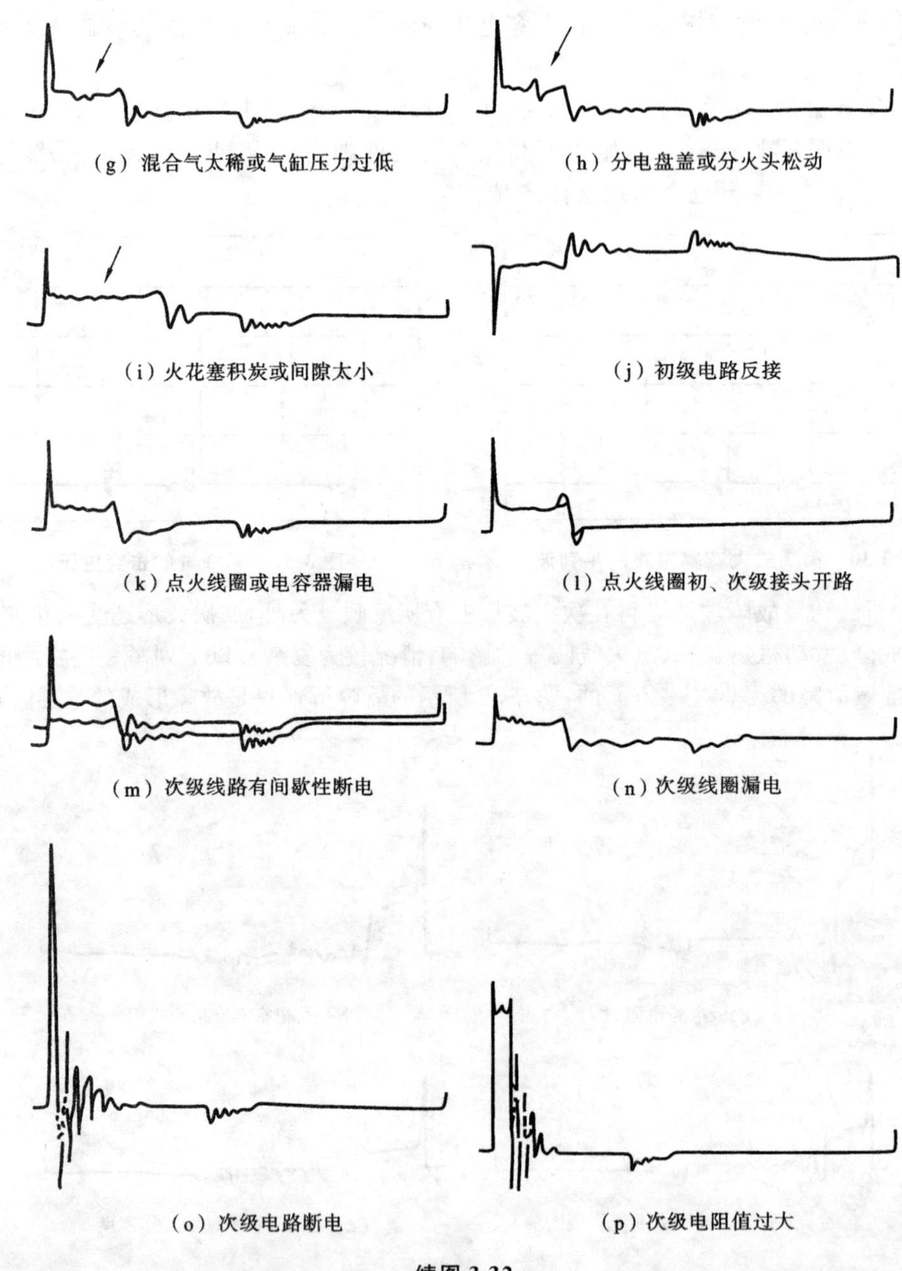
(g) 混合气太稀或气缸压力过低
(h) 分电盘盖或分火头松动
(i) 火花塞积炭或间隙太小
(j) 初级电路反接
(k) 点火线圈或电容器漏电
(l) 点火线圈初、次级接头开路
(m) 次级线路有间歇性断电
(n) 次级线圈漏电
(o) 次级电路断电
(p) 次级电阻值过大

续图 3-32

知识二 电喷发动机的检测

1. 概述

所有电喷发动机的测量，均用电喷车上的传感器(红色穿刺夹)，夹在检测传感器的连接线上进行，以后不再重复。

2. 转速传感器

电控燃油喷射发动机的转速(相位)传感器,多采用磁电式传感器,用通用传感器座上的红色穿刺夹夹在转速(相位)传感器的连接线上,穿刺夹中的探针会自动地穿透连接线并与连接线内电线相连。

电喷车上的传感器的测量界面基本相同,操作上先介绍转速传感器,以后不再重复(见图3-33)。

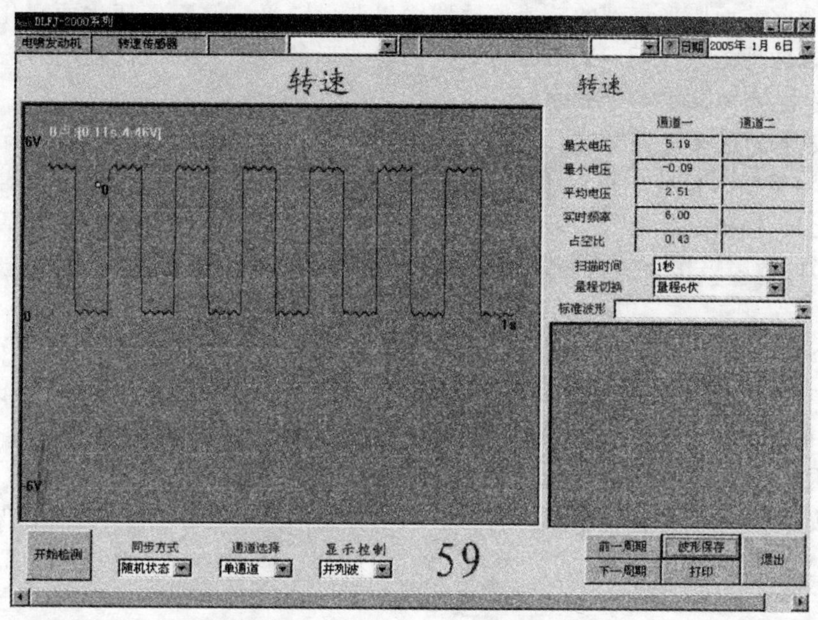

图 3-33　转速传感器的测量界面

该界面包含 6 个按钮,以及 6 个下拉编辑框。

第 1 个按钮是开始检测/停止检测按钮,单击“开始检测”按钮,测试开始,测试界面大图框显示曲轴位置传感器输出波形,界面右下方小图框显示存入的标准波形。

第 1 个下拉框为显示方式下拉框,是波形显示方式选择框。在同步下,点击“显示方式”下拉框,在弹出的下拉框中。共有五种波形显示方式供选择,分别为并列波(每缸波形并排显示)、平列波(即发动机一个完整周期波形)、斜列波(每缸波形并排但起始位置有差异,有点错位,所以又称为差次波)、重叠波(每缸波形叠加在一起)、单缸波(某一缸的波形单独显示),选择该缸的缸号,则将该缸放大观察,重点观察是否有故障。

第 2 个下拉框为断火缸号下拉框,是断火缸号选择框(需接初级传感器、标准缸传感器)。点击断火缸号下拉框,选项分别为复位和缸号。选中需要断火的缸号,该缸就开始单缸断火。不需断火时,可选择“复位”选项,断火缸就恢复正常。可在单缸断火的情况下,观察传感器输出波形的变化,找出故障。

第 2 个按钮是同步/随机按钮,在测试过程中单击“同步”按钮。如果接初级传感器信号均正常,则波形显示区将会按所选车型的缸数,显示转速传感器输出波形随每一缸工作变化而变化的曲线,而且在右上角也将显示当前转速值,否则波形区域将不会被刷新。若想恢复看随机波形，则单击“随机”按钮即可。

第 3 个、第 4 个按钮和它们上面的数字，组成采集波形翻页系统。中间的数字表示采集波形的计数器，随着测量过程发动机每转一次，数字增加 1。最多可以采集到 1000 幅波形。超过 1000 时，自动从头循环。如 998，999，1000，0，1，2 等，但最早采集到 0，1，2 等的波形被覆盖了，而 998，999，1000 的波形还存在。

翻页系统工作在停止采集阶段。在采集发动机的波形完成后，单击第 1 个按钮即“停止检测”按钮就可停止采集。这时单击第 3 个、第 4 个按钮，向前或向后翻页，用于在发动机停止的状态下，静态观察前面所采集到的转速传感器输出波形随每一幅工作变化而变化的曲线。连续翻页，就可以像动画一样再现采集时转速传感器波形的产生过程。特别是对需要踩油门时才能产生的变化，观察起来十分方便。

第 5 个按钮是“波形保存”按钮。当发现新的转速传感器输出波形时，需要保存此波形为标准波形，并将其输入标准波形库中，以便在下一次或以后检测时，将其作为标准波形调出，与当前波形比较，以确定波形的故障。具体操作时，单击此按钮，会弹出一个对话框。提示请输入异响波形的故障名作为文件名，以便在查找标准波形库时，便于确认。标准波形库是按缸区分的。

第 3 个下拉框是标准波形下拉框，是调出标准波形选择框。点击“标准波形”下拉框，在弹出的下拉框中出现标准波形库中各种波形的故障名，点击其中的一个故障名，可取出一个标准故障波形，并在左下角屏幕上显示。用户可调出各种不同的标准故障波形进行比较，以确认波形的故障性质。

第 6 个按钮是“数据保存”按钮。单击此按钮，检测的数据存盘，便于交流和保存。

3. 氧传感器

电喷车上的传感器(红色穿刺夹)夹在氧传感器的信号连接线上。

氧传感器在 0.45 V 时是信号的一个分界线。当含氧量偏浓时，氧传感器的输出电压大于 0.45 V，反之小于 0.45 V。电喷发动机可根据含氧量不断地进行调整，使氧传感器输出信号幅值在 0.1～0.9 V 不断地变动，波形近似正弦波。

如接喷油脉冲波形，可发现喷油脉冲的宽度随氧传感器输出信号的变化而不断地进行变化。

图 3-34 所示的为发动机在中速工况下氧传感器的输出波形。

图 3-35 所示的为发动机在怠速工况下氧传感器的输出波形。

图 3-36 所示的为发动机在高速工况下氧传感器的输出波形。

4. 翼板式空气流量传感器

电喷车上的传感器(红色穿刺夹)夹在翼板式空气流量传感器的电位器动臂上。

翼板式空气流量计是由位于气道中的测量板带动的电位器旋转而组成的，可直接夹到电位器动臂上。用手推动叶板可观察波形的变化。不同的车型，其变化的规律也不同。有的随叶板的开大而上升，有的则随叶板的开大而下降。

其余操作可参见转速传感器的操作方法。

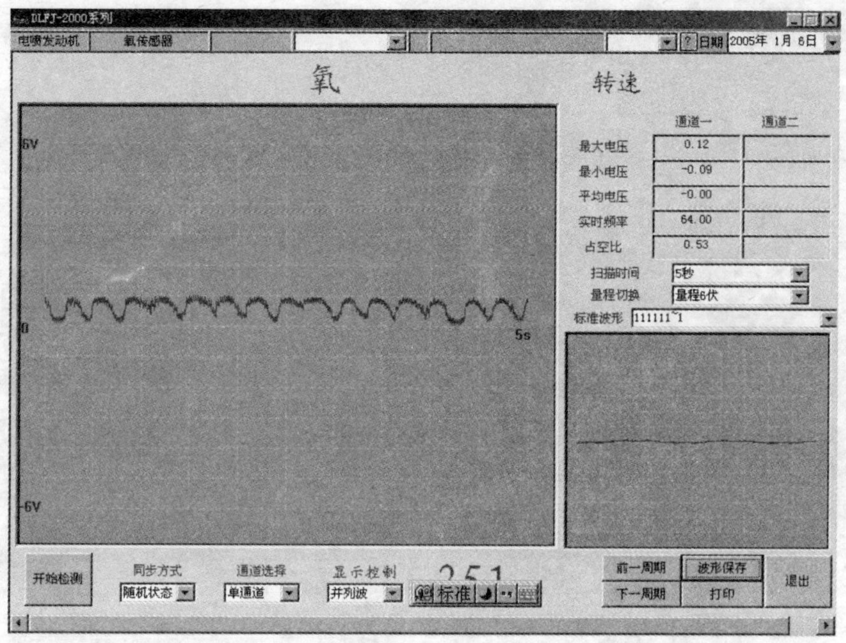

图 3-34　发动机在中速工况下氧传感器的输出波形

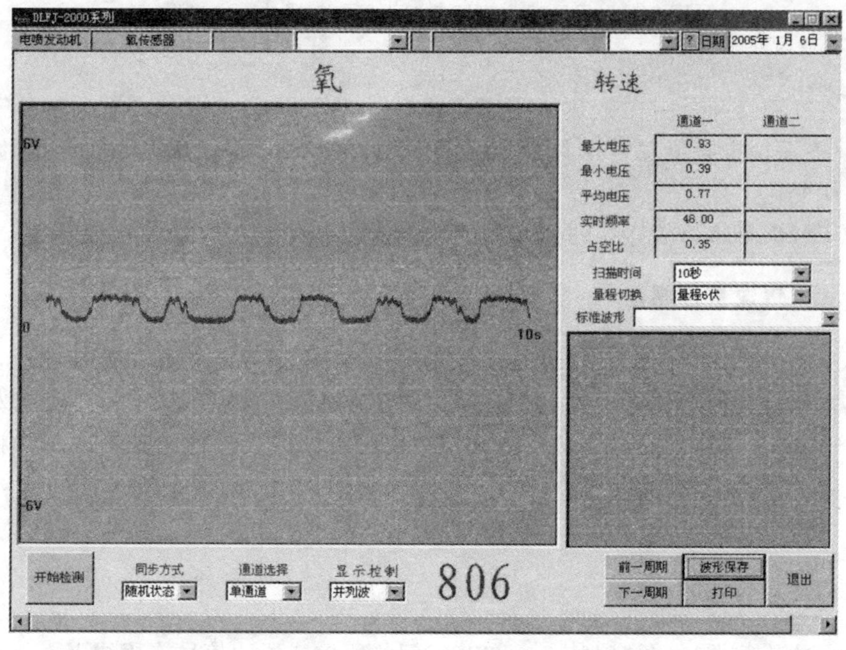

图 3-35　发动机在怠速工况下氧传感器的输出波形

5. 热线式空气流量传感器

电喷车上的传感器(红色穿刺夹)夹在热线式空气流量计的信号连接线上。

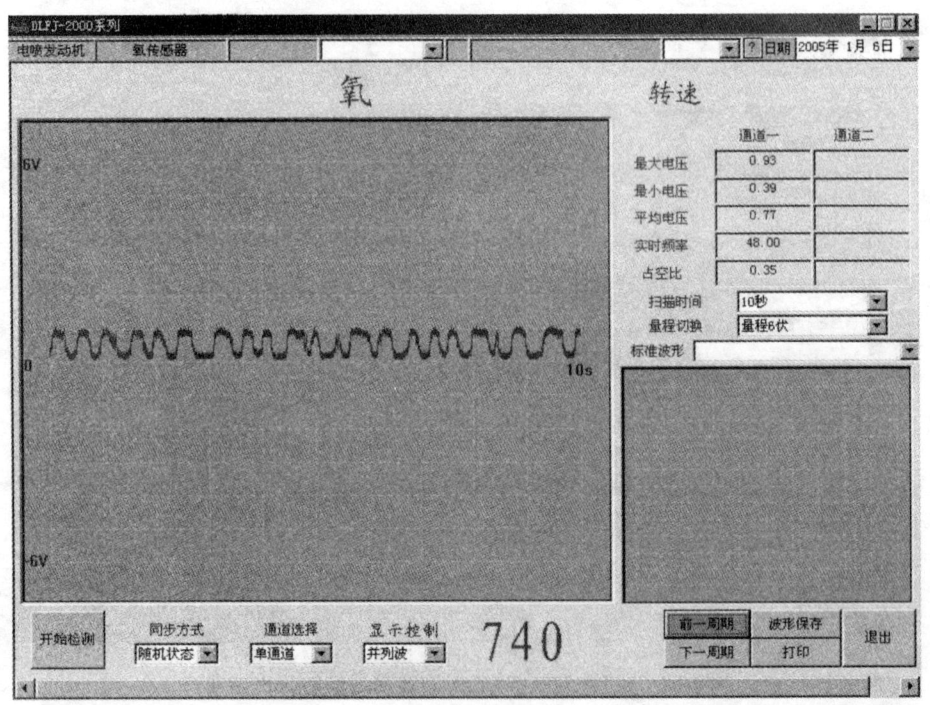

图 3-36　发动机在高速工况下氧传感器的输出波形

热线式空气流量计是由白金热线与温度传感器电阻组成电桥形成的。当空气流量增加时，铂金线风冷而使电阻值发生改变，其输出电压为 2～5 V。可通过加油门，输出波形随油门大小的变化而变化。

其余操作可参见转速传感器的操作方法。

6. 卡门式空气流量传感器

电喷车上的传感器（红色穿刺夹）夹在卡门式空气流量传感器的信号连接线上。

卡门式空气流量传感器的原理，是利用当空气流过涡旋发生器时，在其前后发生涡旋振动，其涡旋产生的量与空气流过的量成正比。利用超声波或反光镜将其变成脉冲信号。脉冲的频率与空气流量成正比，脉冲频率为 30 Hz～1.5 kHz，电压的峰值为 4～6 V，谷值为0～3 V。

7. 节气门位置传感器

电喷车上的传感器（红色穿刺夹）夹在节气门位置传感器的信号连接线上。

节气门位置传感器一般由节气门的位移电位器组成，可通过改变油门的大小，检测节气门信号输出电压的变化。

图 3-37 所示的为节气门位置传感器的输出波形。

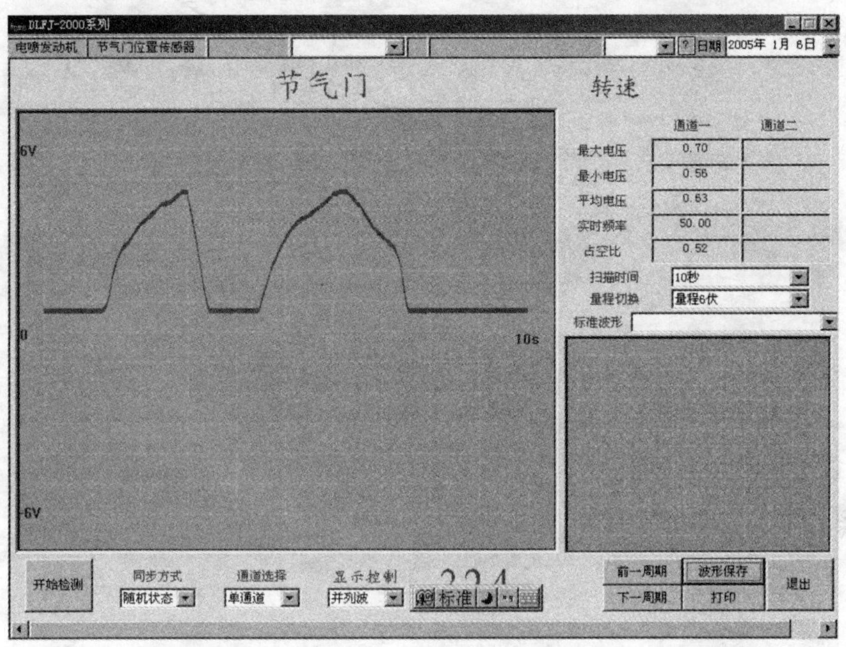

图 3-37　节气门位置传感器的输出波形

图 3-38 所示的为节气门从怠速到全负荷再到怠速工况下的输出波形。

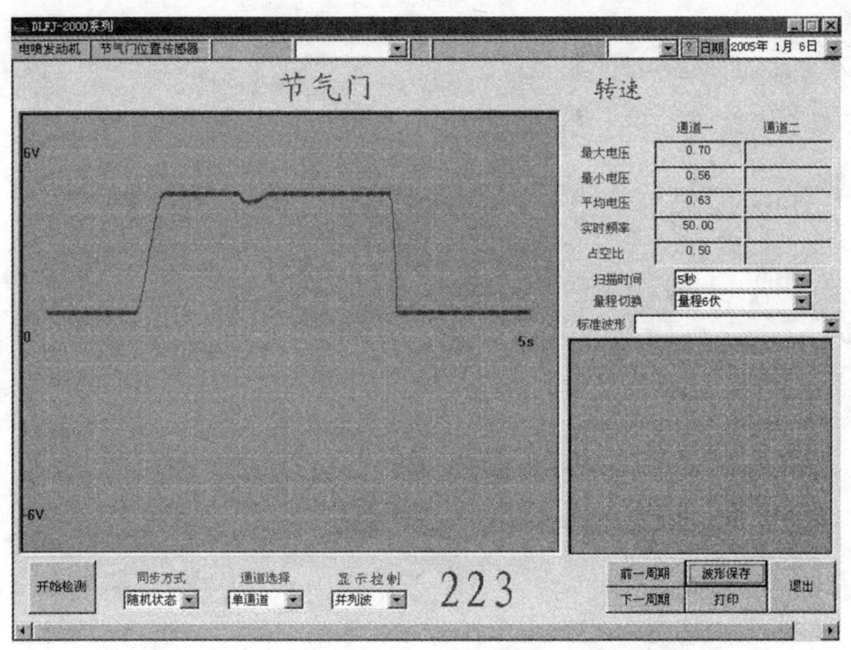

图 3-38　节气门从怠速到全负荷再到怠速工况下的输出波形

图 3-39 所示的为节气门从怠速慢加速到全负荷再到怠速工况下的输出波形。

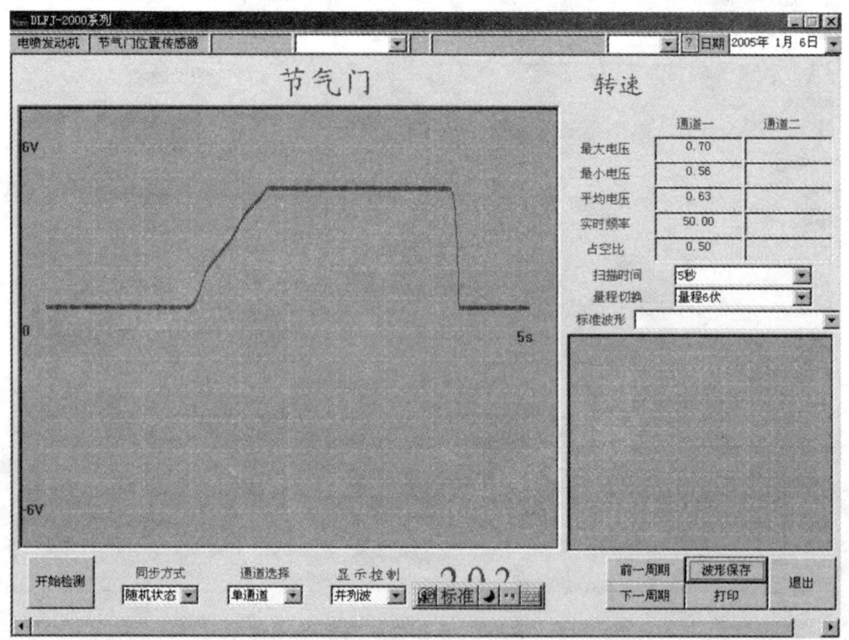

图 3-39　节气门从怠速慢加速到全负荷再到怠速工况下的输出波形

图 3-40 所示的为节气门怠速工况下的输出波形。

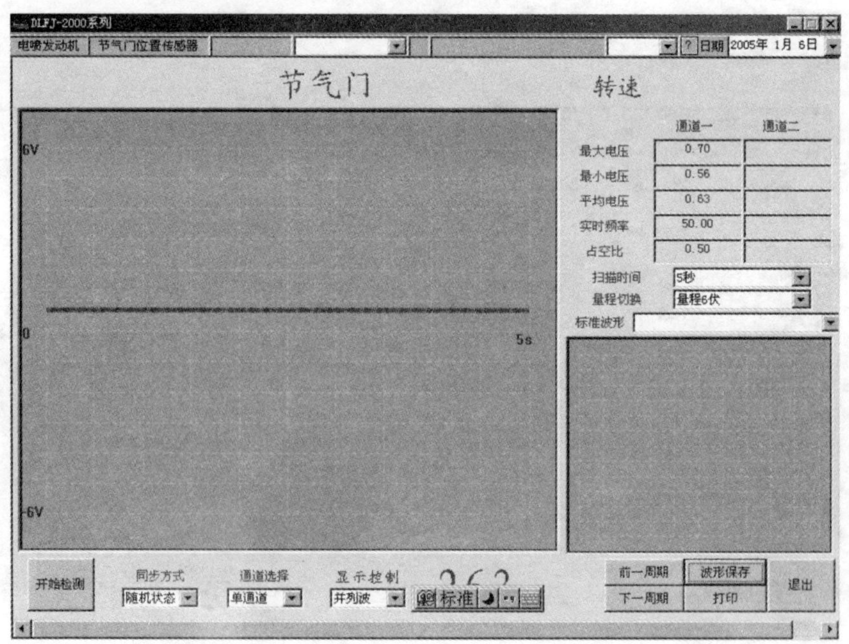

图 3-40　节气门怠速工况下的输出波形

图 3-41 所示的为节气门 N 个加减速工况下的输出波形。

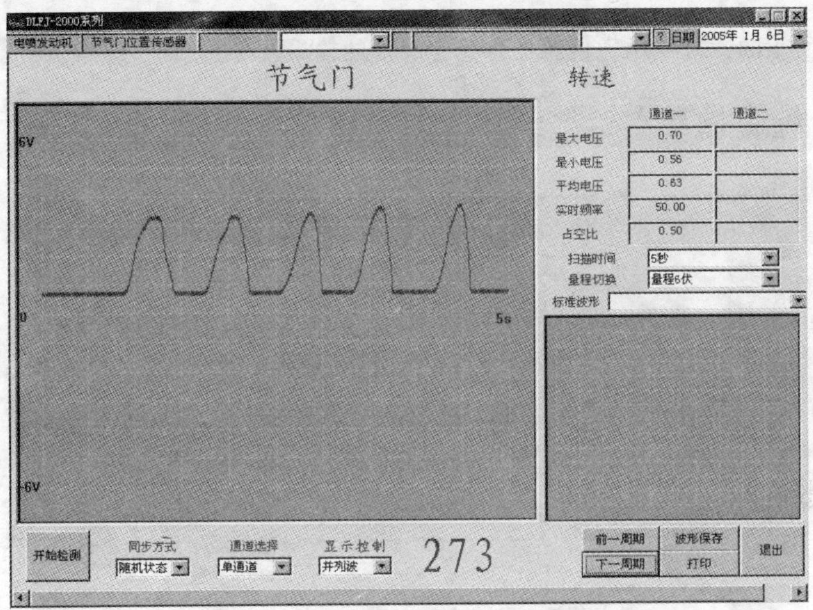

图 3-41　节气门 N 个加减速工况下的输出波形

图 3-42 所示的为节气门全开工况下的输出波形。

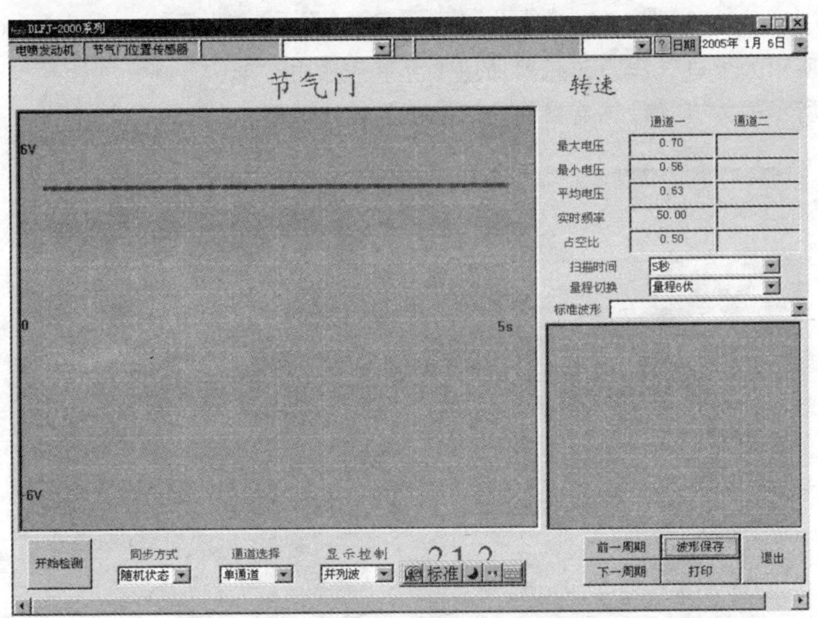

图 3-42　节气门全开工况下的输出波形

8. 进气压力传感器

福特车系的进气压力传感器的输出信号为频率信号，随进气压力变化，其信号频率也发生变化。

大部分车系进气压力传感器的输出信号为电压信号，随进气压力变化，其信号发生电压幅度的变化。

图 3-43 所示的为进气压力传感器怠速工况下的输出波形。

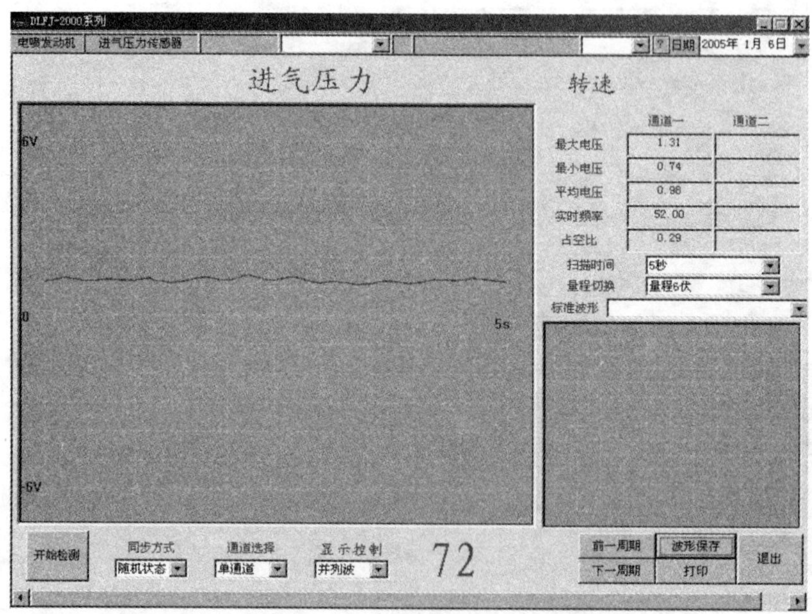

图 3-43　进气压力传感器怠速工况下的输出波形

图 3-44 所示的为进气压力传感器加速工况下的输出波形。

图 3-45 所示的为进气传感器慢加速工况下的输出波形。

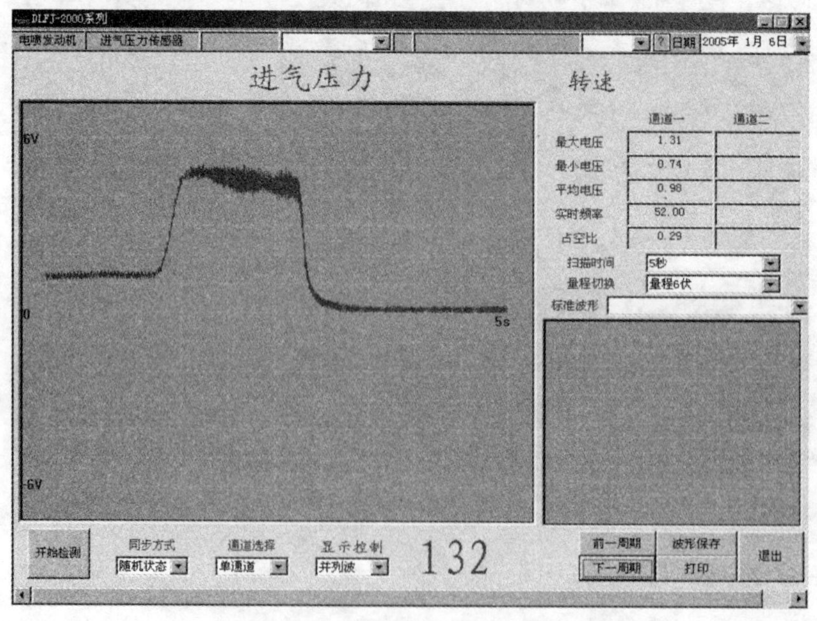

图 3-44　进气压力传感器加速工况下的输出波形

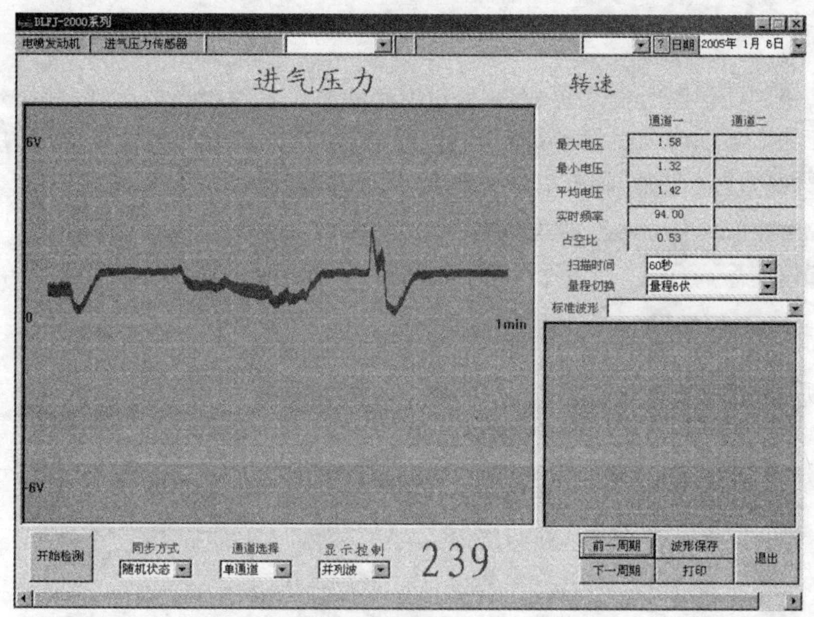

图 3-45　进气传感器慢加速工况下的输出波形

9. 温度传感器

电喷车上的传感器(红色穿刺夹)分别夹在进气温度、机油温度及冷却液温度传感器的信号连接线上。

电喷发动机进气温度、机油温度及冷却液温度传感器信号随温度的变化而变化,输出为电压信号。两者的关系是非线性关系。

10. 车速

电喷车上的传感器(红色穿刺夹)夹在车速传感器的信号连接线上。

一般车速传感器为光电式的,所以它的输出信号为矩形脉冲信号,其频率随车速变化而变化。

11. 爆震传感器

电喷车上的传感器(红色穿刺夹)夹在爆震传感器的信号连接线上。

所谓爆震,是指在混合气尚处在压缩过程中,火花塞还没有跳火时,高压混合气就达到了自燃温度,并开始猛烈燃烧的不正常燃烧现象。

爆震传感器输出的是频率约为 7 kHz 的接近正弦信号,它将信号供给电脑后,电脑根据当前的状况自动调整点火提前角,使发动机工作在接近爆震的临界状态下运行,这样,会使发动机可燃混合气的压力升高并接近最大,有效输出功率也就接近最大。

爆震信号的测量,是通过其传感器输出波形与标准输出波形的比较,来确定传感器是否工作正常。

12. 喷油脉冲测试

电控汽油机的喷油嘴为电磁式的，它的喷油量的多少由两个参数控制；其一是喷油时间；其二是喷油压力。喷油时间由发动机 ECU 控制，喷油压力与电动汽油泵的压力及调压器有关。图 3-46 所示的为一个喷油脉冲波形。

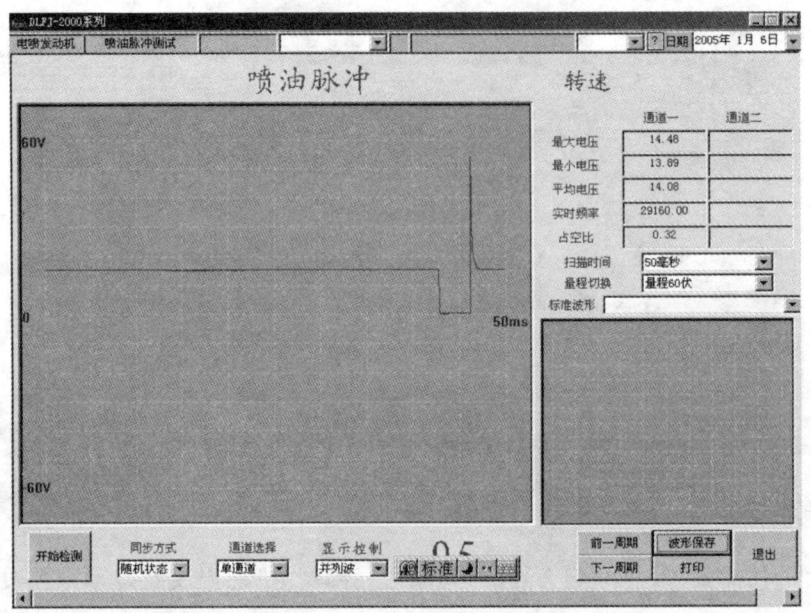

图 3-46　喷油脉冲波形

ECU 根据发动机的车速、相位来确定喷油时刻，根据负荷来判断喷油量的大小。喷油量的大小控制是通过控制喷油时间来实现的。测试过程中，发动机在怠速工况时，喷油嘴控制信号为矩形脉冲。通常不喷油时，在喷油嘴控制线圈上加 12 V 电压，喷油时，须改为 0 V。在回位弹簧的作用下，喷油嘴打开。在喷油结束时，线圈会产生自感电动势，其幅值约为 38 V。

任务拓展

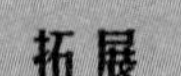

拓展　柴油机喷油压力波形检测

1. 概述

柴油的自燃点比汽油的低约 200 ℃，可以在压缩行程末期喷入气缸自行着火燃烧。因此，柴油机供油系并无电量可采集，这是柴油机检测的难点之一。发动机综合性能检测仪在检测柴油机的供油系时，首先要将非电量的供油压力转变成电量，在不解体检验作业中，只能用外卡式传感器。它以一定的预紧力卡夹在喷油泵与喷嘴之间的高压油管上，油管在高压油脉冲的作用下产生微小膨胀，挤压外卡式传感器内的压电传感元件，产生压电电荷，经检测仪中的电荷放大器放大，供采控系统分析。

高压柴油在喷油泵出口到喷油嘴的油管沿程以波动方式传播，即在同一瞬间喷油泵端的压力和喷油嘴端的压力是不同的，图 3-47 所示的为实测到的喷油泵出口压力波和喷油嘴端压力波。当喷油泵柱塞上升，开始关闭进油孔时，高压油管的压力上升，当超过剩余压力 p_r 时，燃油即进入高压油管；当油压继续上升到喷油嘴的针阀开启压力 p_o 时，针阀开启，开始向燃烧室喷油。所以喷油嘴实际喷油开始点落后于喷油泵的供油开始点，这一段时间差称为喷油延迟。延迟必将导致实际喷油提前角较几何供油提前角要小，提高针阀开启压力 p_o 和增加油管总容积都会使这一延迟加长。为使各缸供油提前角均衡，各缸高压油管都是等长度的。针阀打开的瞬间，因容积的增大和部分油进入气缸，喷油嘴端的压力微降。但因柱塞的继续上升，喷油泵端的压力继续上升，直到喷油泵回油孔打开，泵端压力速降。但喷油嘴端的压力因高压油管的弹性收缩而下降缓慢，这一压力一直下降到低于喷油嘴针阀的落座压力 p_s，喷油才告终止，这是正常压力波。油管中压力波激起针阀振动或压力波在高压油管两端的反射波过大，均会引起不规则喷射或两次喷射等不正常现象。

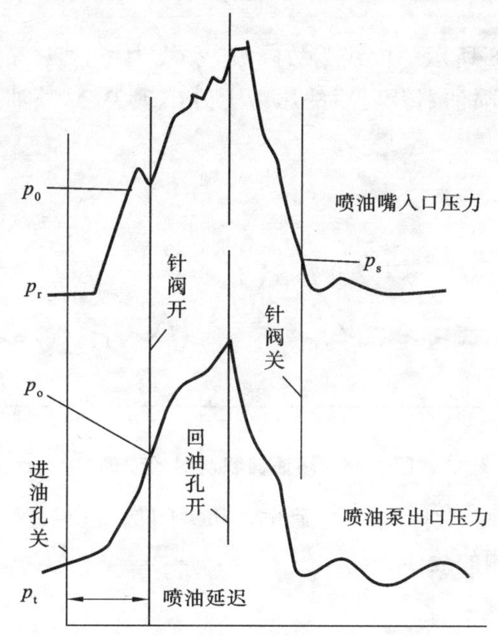

图 3-47　喷油泵出口压力波和喷油嘴端压力波

2. 供油压力波

如果测试系统连接上多通道夹持式压力传感器，则可以采集到多缸柴油机的各缸供油压力波形，并通过信息处理软件，如同汽油机点火波形一样组合成平列波、并列波和重叠波形。但传感器压电特性和高压油管弹性的差异，以及夹持式传感器安装过程的随机误差，使各缸供油压力信号的采集差别比各缸点火信号采集差别要大，从而导致根据这些图形分析各缸供油一致性的推理可信度下降。

3. 故障喷油压力波的加载分析

喷油压力波与点火波形不同，后者几乎与发动机的载荷无关，而前者正是柴油机的载荷调节方式，因此要正确分析供油压力波，就必须使发动机在有载荷的工况下运行。对于整车调试，只能在底盘测功机上吸收汽车底盘输出功率。为了采集信号能准确地反映喷油器的工作状态，夹持式传感器应装在喷油器进口端。

(1) 在分析供油压力波时，推荐以下几个特征点来判断故障状态。

① 喷油器开启前的压力上升。

② 喷油器开启时刻与压力变化。

③ 喷油器开启后的压力变化特性。

④ 喷油延迟时期。

⑤ 喷油器关闭时刻与压力变化。

⑥ 压力反射波幅值。

⑦ 两次喷射。

(2) 波形分析如下。

① 喷油器积炭，图 3-48 所示的虚线为故障波，实线为正常波，相比之下，故障波因喷油器积炭而减小了通道截面，使喷油器开启后的压力上升出现尖峰，喷油持续时间加长。

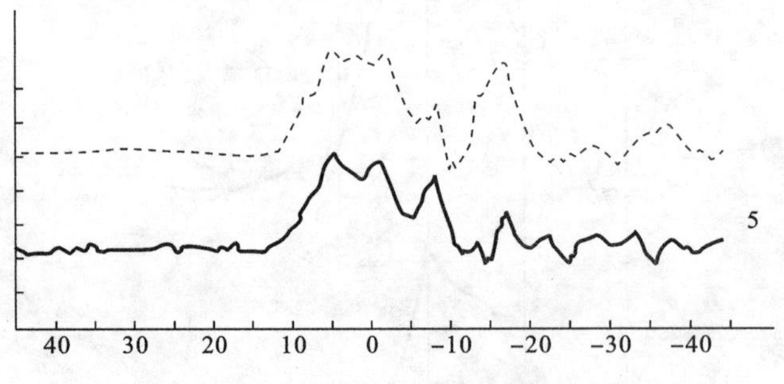

图 3-48　喷油器积炭时的波形

② 喷油器针阀开关卡死，故障曲线上无开启和关闭信号(见图 3-49)，压力建立不起来，这是喷油器最大也最易于检测的故障。

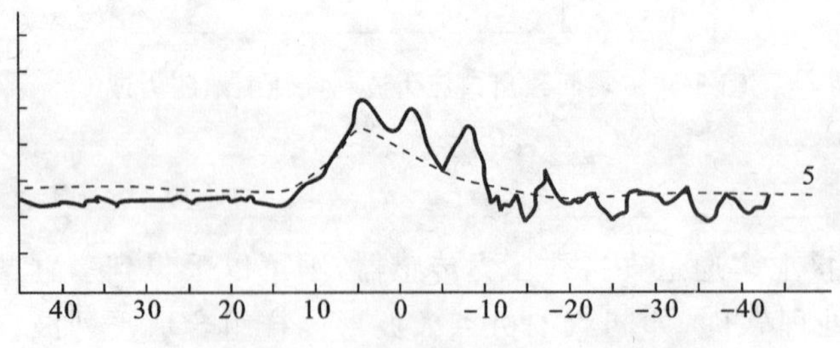

图 3-49　喷油器针阀开启状态卡死时波形

③ 喷油器滴漏时所形成的波形如图 3-50 所示，曲线压力上升平缓，喷油延迟期缩短，无明显的喷油器针阀关闭时刻，钩状的光滑曲线是典型的滴漏现象所造成的。

④ 喷油压力过低时所形成的波形如图 3-51 所示，喷油压力在针阀开启和关闭时都较低，

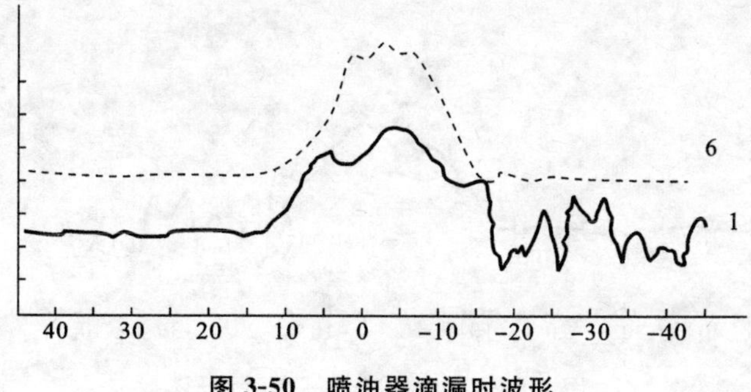

图 3-50　喷油器滴漏时波形

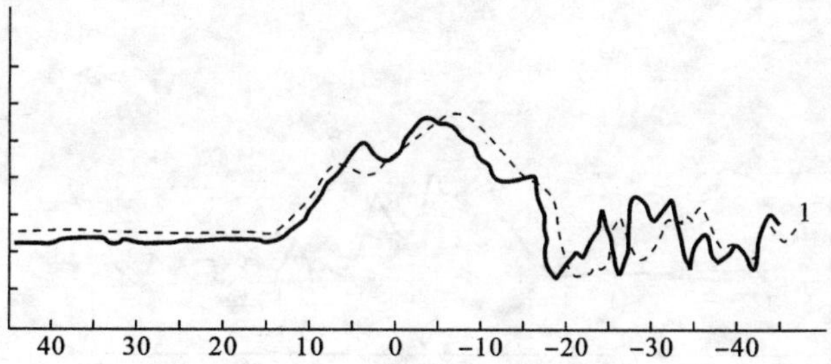

图 3-51　喷油压力过低时波形

且喷油持续时间过长，这时须调整针阀压力。

⑤ 针阀开启压力过高时所形成的波形如图 3-52 所示，剩余压力升高，开始喷油时刻推迟，反射波幅加大，其结果是，喷油率下降。喷油压力峰值的增高可能损坏喷油泵。

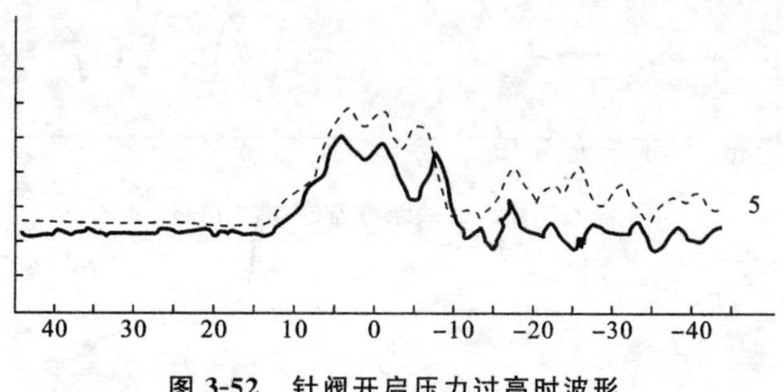

图 3-52　针阀开启压力过高时波形

4. 故障供油压力波的加载分析

(1) 出油阀密封不良时所形成的波形如图 3-53 所示，在针阀关闭后剩余压力下降，并造成压力的上升和下降曲线变化平坦，因为剩余压力降低而使得压力峰值之间的差值变大。

(2) 出油阀磨损，造成高压油管内剩余压力上升(见图 3-54)，喷油持续时间加长，同时出现两次喷射(注意反射压力波幅值已达喷油压力幅值，促使喷油器针阀两次开启)，这时常伴有排气冒烟现象。

(3) 高压油泵柱塞磨损时压力波曲线出现图 3-55 所示的喷油开始时刻推迟，喷油压力峰值和喷油持续期明显下降的情况。

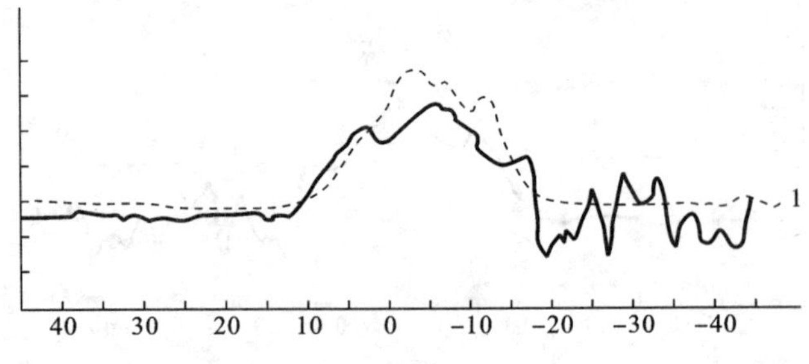

图 3-53 出油阀密封不良时波形

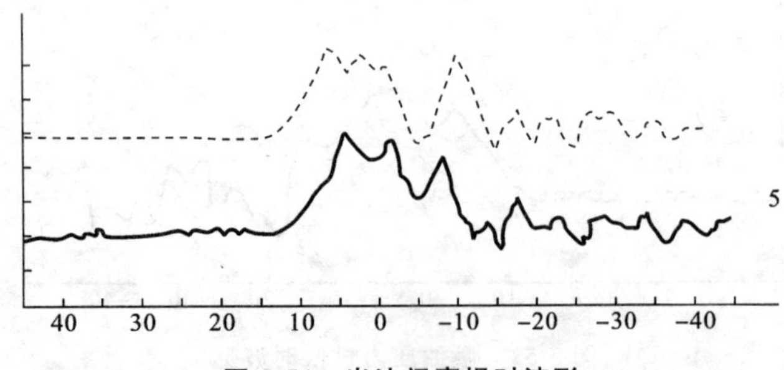

图 3-54 出油阀磨损时波形

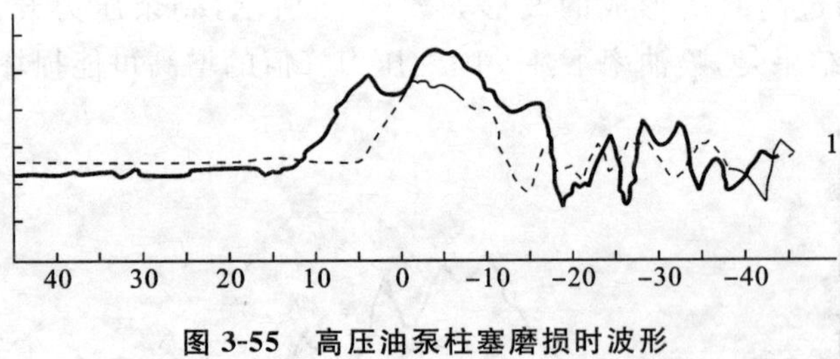

图 3-55 高压油泵柱塞磨损时波形

项目小结

一、基本知识

(1) 发动机综合性能检测仪的功能。

(2) 发动机综合性能检测仪的基本操作。

(3) 发动机综合性能检测仪的模块参数测量及数据分析。

二、基本原理

(1) 汽车用传感器的工作原理。

(2) 发动机简单故障的分析方法。

综合测试

1. 简述发动机综合性能检测仪的基本功能。

2. 启动系的检测方法与数据分析。

项目四

四轮定位仪识别

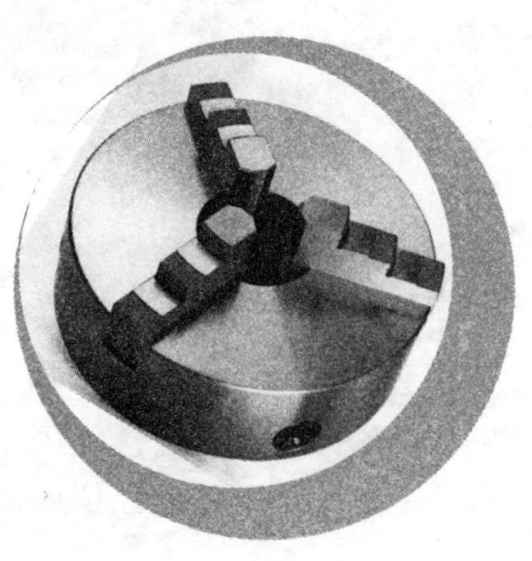

项目情景

小李的车子在做20000公里保养时，发现左前轮内侧比外侧磨损严重一些，两个后轮磨损正常。4S店的师傅建议他做四轮定位，并叮嘱他找个好的、大点儿的轮胎店做四轮定位，如图4-0所示。那么车辆为什么要做四轮定位？四轮定位对车辆的正常运行会产生什么影响呢？

车辆在出厂时，定位角度都是根据设计要求预先设定好的，这些定位角度共同保证车辆驾驶的舒适性和安全性。但是，车辆在行驶一段时间后，这些定位角度会由于交通事故、道路坑洼不平造成的剧烈颠簸，底盘零件磨损、更换底盘零件、更换轮胎等而产生变化。一旦定位角度发生变化，就可能导致诸如轮胎异常磨损、车辆跑偏、安全性下降、油耗增加、零件磨损加快、方向盘发沉等故障。因此，进行四轮定位参数检验，使其处于合理范围内，对提高汽车的安全性及经济性有重要意义。

本项目通过对四轮定位的认识及仪器的操作，进一步了解和熟悉有关汽车四轮定位的知识。

图4-0　车辆四轮定位

工作任务

任务一　四轮定位仪概述
任务二　四轮定位仪应用

任务一

四轮定位仪概述

任务描述

四轮定位参数是汽车行驶系统的重要参数，四轮定位参数不正常或出现偏差，会对车辆的安全行驶造成很大影响。图 4-1 所示的是四轮定位仪。

图 4-1　四轮定位仪

任务目标

（1）了解汽车四轮定位的概念。
（2）掌握汽车四轮定位仪的结构组成。
（3）掌握汽车四轮定位参数的含义。

任务分析

理解四轮定位参数的含义，注意观察汽车四轮定位仪的结构组成。

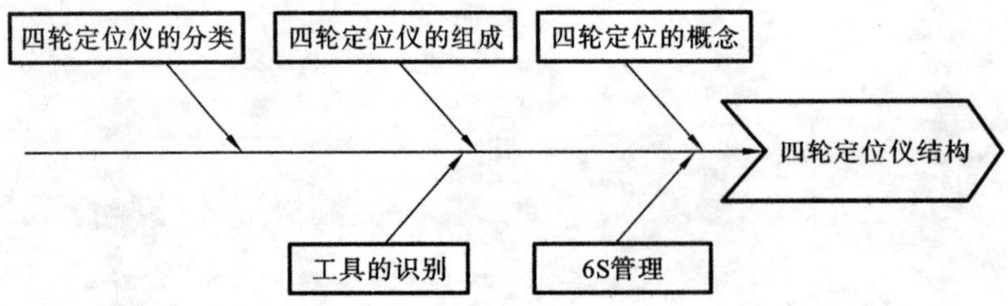

任务实施

实施一 任务准备

整车、四轮定位仪。

实施二 任务实施

（1）学生分组，每小组 5～8 人。
（2）小组进行任务分析。
（3）完成老师布置的相关内容。

特别提示

必须阅读此节的有关注意和警告事项，以免造成不必要的人员损伤和机器寿命的缩短。

本系统必须接到有良好地线的电源插座中，不要切去 AC 电源线的接地脚，若使用接地适配器，则必须确保引出线与电源插座相通。在使用长电缆时，请使用接地状况良好的三线电缆，接地良好是本系统安全、正确运行的基本前提。要保证单相 AC 220 V零线对地线的交流电压不超过 3 V。

本系统的计算机设备要求使用单独的电源，不得与升降机、气泵、电焊机等共享一个电源，以防止这些设备对电源造成影响而严重损坏定位系统。

移动机柜时必须先断电，防止系统硬盘因振动而损坏，电源关闭后系统硬盘的读/写头会回到保护位置，这时移动就安全了。

此设备必须安放于干燥的环境内。此设备不具备防风雨能力，禁止置于室外工作。

车辆驶上举升机后一定要固定好，防止意外事故发生。

实施三　任务检测

（1）说出如下测头各组成部分的名称、数量及作用。

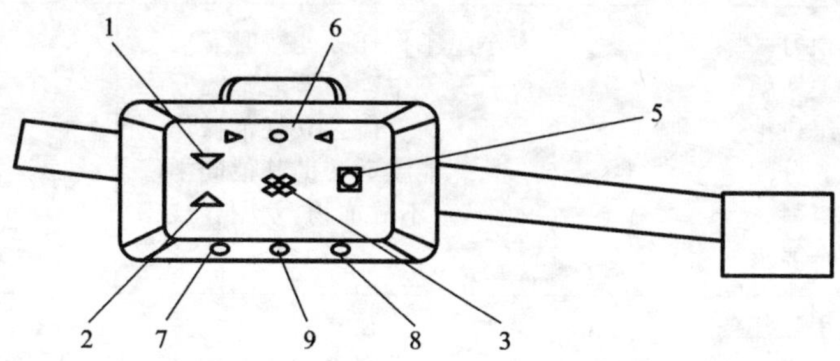

（2）简述四轮定位的概念。

（3）简述四轮定位参数的含义。

实施四 任务评价

任务评价表

班级： 组别： 姓名：

<table>
<tr><td rowspan="2">项目</td><td rowspan="2">评价内容
(请在对应条目的○内打“√”或“×”，不能确定的条目不填，可以在小组评价时让本组同学讨论并写出结论)</td><td colspan="3">评价等级(学生自评)</td></tr>
<tr><td>A
全部为
√</td><td>B
有一至
三个×</td><td>C
有多于
三个×</td></tr>
<tr><td rowspan="3">关键能力自评</td><td>○按时到场 学习期间不使用手机、不玩游戏○
○工装齐备 未经老师批准不中途离场○
○书、本、笔齐全 无违规操作○
○不追逐打闹 无早退○
○接受任务分配 先擦净手再填写工作页○
○不干扰他人工作</td><td></td><td></td><td></td></tr>
<tr><td>○工作服保持干净 无安全事故发生○
○私人物品妥善保管 使用后保持工具整齐干净○
○工作地面无脏污 能及时纠正他人危险作业○
○工作台始终整洁 废弃物主动放入相应回收箱○
○无浪费现象 未损坏工具、量具及设备○
○参与了实际操作</td><td></td><td></td><td></td></tr>
<tr><td>○课前有主动预习 本小组工作任务能按时完成○
○与本组同学关系融洽 主动回答老师提问○
○积极参与小组讨论 能独立规范操作○
○接受组长任务分配 能主动帮助其他同学○
○能独立查阅资料 不戴饰物，发型合规○
○工装穿戴符合要求</td><td></td><td></td><td></td></tr>
<tr><td>专业能力自评</td><td>○能按时完成工作任务 能独立完成工作页○
○工量具选用准确 没有失手坠落物品○
○无不规范操作 指出过他人的不规范操作○
○完成学习任务不超时 暂时无任务时不无所事事○
○学习资料携带齐备 工作质量合格无返工○</td><td></td><td></td><td></td></tr>
<tr><td>小组评语及建议</td><td>他(她)做到了：

他(她)的不足：

给他(她)的建议：</td><td colspan="3">组长签名：

年 月 日</td></tr>
<tr><td>教师评价及建议</td><td></td><td colspan="3">评价等级：

教师签名：

年 月 日</td></tr>
</table>

相关知识

知识一　汽车四轮定位的基础知识

汽车工程师设计悬架及转向系统时要保证良好的车辆控制，并有合适的转向力及路感。车辆应在不受转向操纵时有直线行驶的趋势，这种趋势称为方向稳定性。车辆必须有可以预知的方向控制，也就是说，转向系统必须能让人有车将要按要求的方向转弯的感觉。车轮必须合理容易地转向，并且应尽量减小轮胎磨损。如果车辆前后轮的定位角度符合汽车制造厂的规定，这些转向性能和对轮胎状况的要求就会实现。

悬架系统组件的状况及车轮定位对维持驾驶安全和轮胎正常磨损是极为重要的，悬架组件如转向横拉杆端部、球销及摆臂损坏可以导致悬架突然解体及完全丧失转向控制能力，这种灾难性事件可能导致生命财产的损失。若车辆定位角度不正确，则在紧急制动时，车辆可能发生跑偏、侧滑，并导致严重的事故。严重错误的车轮定位角度可能会使轮胎寿命减小到正常使用寿命的 1/3，所以在更换球头、摆臂等悬架组件之后，对车轮的定位就十分重要了。

车辆会在路面上遇到许多影响车轮定位的情况，如弧形的路面；自然侧风或与其他车辆相会引起的侧风；重载或不均匀的重量分布；路面附着状况及冰、雪、水等状况；轮胎附着力和压力；转弯时的侧向力；前轮驱动车辆的驱动力；路面凸起和下陷等。

这些情况对车辆的影响必须由悬架设计及四轮定位来克服，否则转向就会十分困难，严重错误的车轮角度可以通过四轮定位对悬架系统各部件进行调整、修理，并使其达到原厂规定的角度，这样才能保证设计效果，减小车辆磨损，增加行驶安全。

同时，随着汽车车速不断提高，急加速、急减速、急转向、急制动等动作，在行驶过程中受到的冲击，汽车超载荷，这些都将影响汽车后轮的运行轨迹。为了保证汽车直线行驶的稳定性、转向的轻便、转向轮回正性能良好，以及减少轮胎和机件的磨损、增加汽车行驶的安全性，汽车四轮定位的技术参数逐步受到驾驶人员的重视，也为汽车自动驾驶技术的发展提供了基础。

知识二　汽车四轮定位的概念

汽车的转向轮、转向节和前轴三者之间的安装具有一定的相对位置，这种具有一定相对位置的安装称为转向车轮定位，也称为前轮定位。前轮定位包括主销后倾（角）、主销内倾（角）、前轮外倾（角）和前轮前束四个内容。这是对两个转向前轮而言的，而两个后轮也同样存在与后轴之间安装的相对位置，称为后轮定位。后轮定位包括车轮外倾（角）和逐个后轮前束。这样前轮定位和后轮定位总起来就称为四轮定位。

1. 汽车四轮定位的组成结构

四轮定位仪主要由定位仪主机及必要附件组成。定位仪主机由机箱（大机箱带后视镜）、电脑主机(含显示器、打印机)、四个机头(定位传感器)、通信系统、充电系统和总供电系统等六部分组成。必要的附件由方向盘固定器、刹车固定器、转角盘及夹具等四部分组成。要很好地完成定位调车工作,车辆上还应配备必要的工具,如各种型号的开口扳手、梅花扳手、套筒、接杆、快速扳手、扭力杆、钳子、螺丝刀、气动扳手(小风炮)、拉杆球头拆装器、外倾角校正器,以及各种型号的调整垫片和调整螺栓等。

2. 四轮定位仪的结构

四轮定位仪分电脑拉线定位仪、CCD 定位仪、激光定位仪和 3D 影像定位仪等几种类型,电脑拉线式四轮定位仪如图 4-2 所示,其主要由带微处理器的主机柜及彩色监视器、键盘、80 系列 A4 打印机、红外电子测量尺(用来检测轮距)、红外遥控器、标准转盘或电子转盘、自定心卡盘、传感器、接线盒、电缆、传感器拉线、方向盘锁定杆和刹车制动杆等组成。

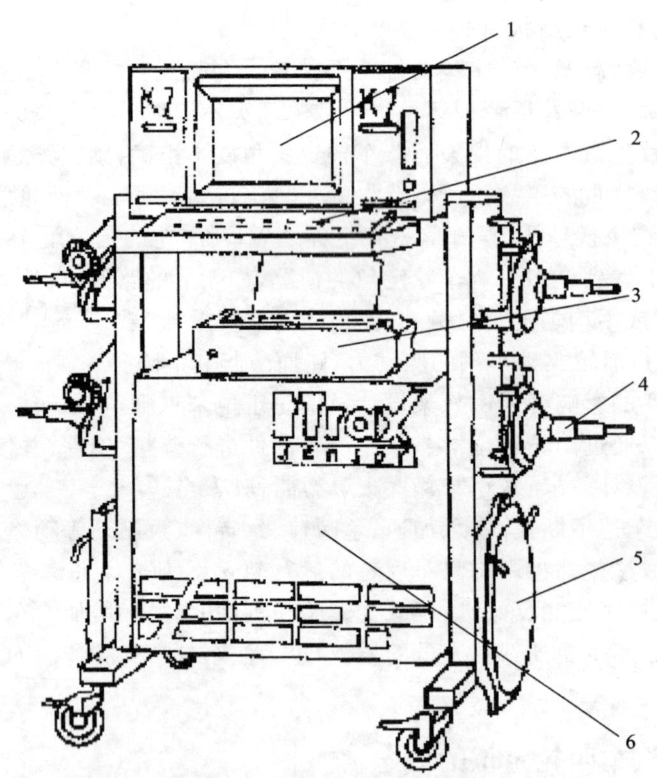

图 4-2 电脑拉线式四轮定位仪

1—彩色监视器;2—键盘;3—打印机;4—自定心卡盘;5—转盘;6—主机柜

1) 主机柜

四轮定位仪主机是用户的一个操作控制平台,由机柜、电脑、接口电路、电源等部分构成。

计算机部分包括工控机、显示器、键盘、鼠标、打印机等。其中显示器安装在主机柜上层隔间内;鼠标、键盘放在键盘抽屉中;打印机安装在主机柜中部的抽屉中;工控机安装在机柜内部下层隔间内。接口电路部分包括射频主发射接收盒,安装在主机柜中部。

电源部分包括电源引线、电源插座、电源开关、开关电源等。其中电源开关安装在机柜的右侧板上,电源引线在机柜内部下层隔间的后部,电源插座在隔板靠近侧板处,开关电源安装在机柜侧板上。

2）探杆

四轮定位仪配有四个探杆，分别为左前探杆(FL)、左后探杆(RL)、右前探杆(FR)、右后探杆(RR)，如图 4-3 所示。前后探杆可以交叉互换，但不能更换探杆。如果需要更换任意一个探杆，则需重新标定全部四个探杆。

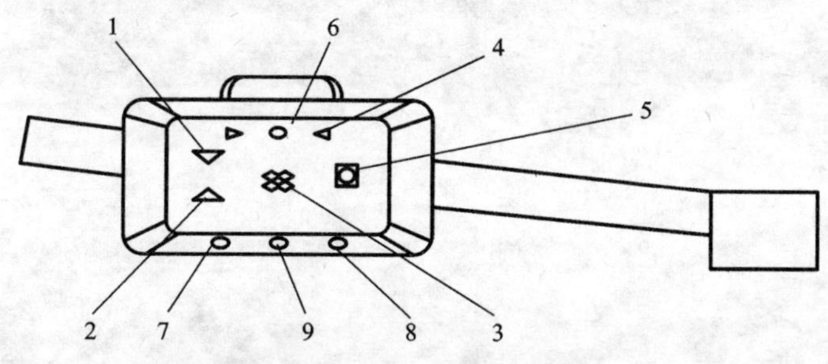

图 4-3　探杆及传感器

1、2—程序选择键(车辆调整期间通过这两个键使程序向前或向后执行)；3—跳动补偿按钮；4—偏位补偿按钮；5—读零按钮；6—传感器水平指示灯；7、8—通信线缆接口；9—电子转盘接口

每个探杆的端部和中部各装一个传感器，中部装有一个射频发射接收器。传感器把获取的光点坐标无线传输给计算机系统，由计算机系统进行处理。

测量探头中的传感器分别感应与其相对的测量探头上的红外发射管的光线坐标，经无线发射器传输到机柜中的无线接收器，再经工控机中的 COM 口传输到主机，进行运算与处理。由于传感器反映了其自身与相对应的测量探头上的红外发射管的相互关系，而测量探头通过四个轮夹与汽车轮辋相连，所以通过四个传感器可以测量出四个轮辋的相互关系，从而确定车轮的定位参数；四个传感器形成一个封闭的四边形，可实现车辆的四轮定位测量。在实际应用中，四个测量探头上的四个传感器，其镜头前面都装有滤光片，以消除可见光对红外发射二极管亮点图像的干扰。

探杆盒的侧壁上有一个 9 V 电源输入插孔，为探杆中的充电电池充电使用。当充电电池电量充足时，充电电路会自动停止充电。

注意：探杆为精密器件，请注意保管。如果发生磕碰造成测试数据不准，就必须对所有四个探杆重新标定。

3）轮夹

四轮定位仪配有四个轮夹，如图 4-4 所示。使用时首先需通过调节旋钮将轮爪的间距调整合适，再与汽车轮辋相连。通过调节旋钮使轮夹与汽车轮辋紧密相连，为了安全起见，必须采用轮夹绑带把轮夹与轮辋连接起来。

轮夹装配正确与否与测试结果有很大关系。在装配轮夹时，请使轮爪避开轮辋上配重铅块处；同时务必使四个轮爪与轮辋充分接触。在使用过程中严防磕碰，以免造成变形而影响测试精度。

4）转角盘

四轮定位仪配有两个机械转角盘(备选)，如图 4-5 所示。转角盘(备选)放置于举升机的汽车前轮位置处。汽车行驶前，用锁紧销将转角盘(备选)锁紧，防止其转动；汽车行驶后，松开锁紧销。在测试中，要尽量使汽车前轮正对转角盘(备选)中心位置。

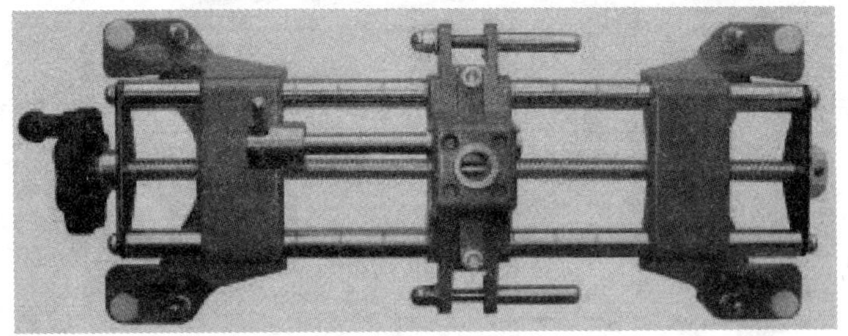

图 4-4 轮夹

图 4-7 转角盘

5）方向盘固定架

四轮定位仪配有一个方向盘固定架，如图 4-6 所示。在测试中，需根据提示要求放置方向盘固定架，以保证测试过程中汽车车轮方向不会发生变化。

6）制动踏板固定架

四轮定位仪配有一个制动踏板固定架（见图 4-7），用于固定汽车刹车板，使汽车在测试中不会发生前后移动的现象。

其中，每个轮子有一个探测杆，共四个；每个轮子有一个自定心轮夹，共四个；有一个方向

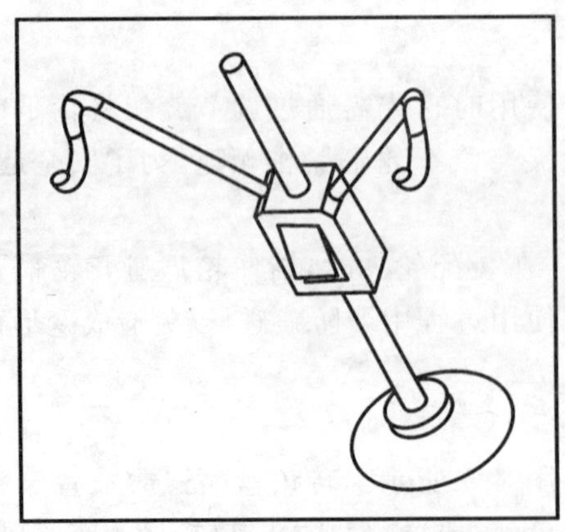

图 4-6 方向盘固定架

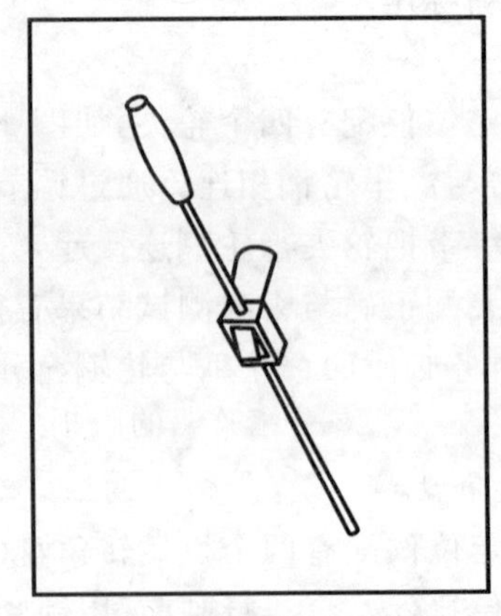

图 4-7 制动踏板固定架

盘固定器；有一个踏板固定器；有两个转角盘（左前轮、右前轮）。

3. 四轮定位角度概念及功能

四轮定位角度概念及功能如表 4-1 所示。

表 4-1　四轮定位角度概念及功能

定位角度	概　　念	功　　能
后倾角	上球形接头和减振器间的角度	转向盘稳定及回转转向盘
外倾角	车轮内外倾斜的角度	掌控轮胎车身重量着力点
前束角	轮胎的中心与汽车纵向线之间的夹角	减小轮胎磨损及滚动阻力
推进线（角）	以车身中心线为准，两后轮共同滚动的方向（角度）	
内倾角(SAI)	上球形接头到轮胎地面中心点和地面垂直线间的角度	驾驶方向稳定性和车身重量着力点位置
包容角	内倾角加外倾角	判断轮轴及减振器变形程度
轮轴偏角	左右轮偏斜角度	
转向前展	前轮转向时左右轮间的角度	避免转向时轮胎侧滑及对死

知识三　汽车四轮定位的重要性和必要性

为了提高汽车行驶的安全性、平顺性和乘坐的舒适性，汽车研发部门必须恰当地设计车轮定位角。正确的车轮定位角可以保证汽车转向轻便，转向后能自动回正，在汽车转向、急剧改变车速和高速行驶，以及坏路行驶或紧急制动时，能保证行驶方向的稳定性。操作车辆时能稳定准确，路面振动小，在路况差的道路上行驶时车身没有明显摇摆，乘车舒适，轮胎寿命长。

（1）正确的车轮定位可以帮助系统中所有部件都处于正常关系中，可以获得以下好处。

① 延长轮胎的使用寿命。

一组新的轮胎，有时表现为某一个轮胎使用不久就会发生异常磨损，有时发生在前轮，有时发生在后轮。在大多数情况下，轮胎的异常磨损或跑长途时爆胎是车轮定位不准确所致。

② 操纵的稳定性。

不正确的车轮定位可以加剧转向轮摆振，以至整个转向系发生摆振，还可能造成行驶跑偏、高速时转向发飘、左右牵引、车轮不能自动回正、路面的振动无法被有效地吸收。正确的车轮定位则可以避免或排除上述现象。

③ 减少转向机械与悬架的磨损。

不同的车轮定位角可以使汽车处于不同的平稳关系中，因此不正确的车轮定位不仅会加剧车轮的磨损，而且还会造成悬架与转向系统的转动部件，如控制臂衬套、球头销、主销衬套等的非正常磨损。

④ 提高燃油的经济性。

设定好车轮定位角，是为了使车轮在行驶中尽可能地垂直于地面，最大限度减少车轮滑移，使车轮滚动阻力减小，燃油经济性提高。正确的车轮定位，可以保证四个车轮彼此平行，这样保证有最小的滚动阻力，再加上正确的轮胎充气，可确保提高燃油经济性。

⑤ 得到最佳的行驶平顺性。

正确的车轮定位可帮助前、后悬架恰如其分地工作，使行驶系、转向系所有部件处在正确关系中，路面的振动被有效地吸收，车辆行驶更平稳。

⑥ 确保安全驾驶。

正确的车轮定位最大的好处就是保证安全驾驶。它可以确保车辆的可操作性及操作的稳定性，在正常行驶中能正确、迅速地实现操纵响应。

正确的车轮定位校正是非常重要的。校正不当，可能造成转向困难，转向后车轮不能自动回正，行驶跑偏，产生不正常的噪声，发生轮胎异常磨损。

（2）在以下情况下，需要进行四轮定位。

① 每行驶 10000 公里或六个月后。

② 直线行驶时车子往左或往右拉。

③ 直行时需要紧握方向盘。

④ 直行时方向盘不正。

⑤ 感觉车身漂浮或摇摆不定。

⑥ 前轮或后轮单轮磨损。

⑦ 安装新的轮胎后。

⑧ 碰撞事故维修后。

⑨ 换装新的悬挂或有关转向部件后。

⑩ 新车每行驶 3000 公里后。

知识四　前轮定位

汽车的转向轮、转向节和前轴或下摆臂三者之间装配要具有一定的相对位置，这种具有一定相对位置的装配关系称为前轮定位。

前轮定位的作用有以下几项。

（1）保证汽车直线行驶的稳定性。在水平面上驾驶员双手离开转向盘后，汽车仍能直线向前行驶。遇到小坑、小包以及拱形路面时能保持直线行驶。在承载后车轮能垂直于路面，能扼制转向轮的摆振，在高速行驶中没有转向发飘等现象。

（2）在外力使车轮偏转或驾驶员转向后，能保证转向盘自动回正。

（3）转向轻便。

（4）减少转向轮和转向机构的磨损，最大限度地延长轮胎的使用寿命。

1. 主销后倾角

在汽车纵向垂直平面内主销轴线与前轮中心垂线的夹角称为主销后倾角，如图 4-8 所示。向垂线后面倾斜的角称为正后倾角，向前倾斜的角称为负后倾角。

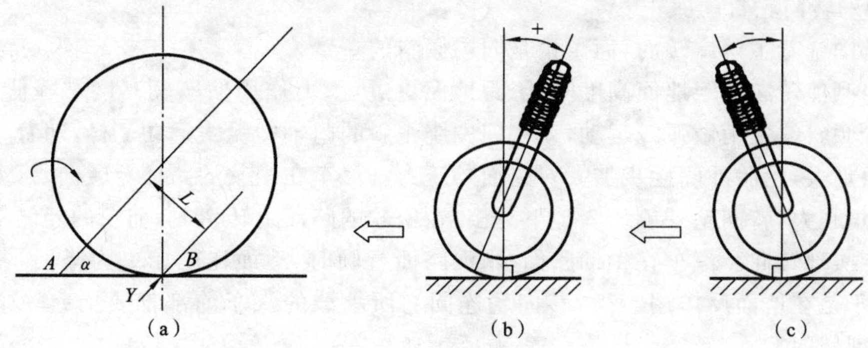

图 4-8　主销后倾角

(a) 主销后倾角的原理图；(b)正主销后倾角；(c) 负主销后倾角

1) 主销后倾角的作用

(1) 保证汽车直线行驶的稳定性。按照国内传统的汽车理论，主销后倾角越大，行驶中产生的离心力越大，防止车轮发生偏转的反向推力就越大，所以主销后倾角越大，汽车直线行驶的稳定性就越好。但是主销后倾角越大，汽车转向时所要克服的反向推力就越大，转向就越重，所以主销后倾角不能超过 3°。

(2) 适当加大主销后倾角是帮助车轮回正的有效方法。转向轮发生偏转时，主销后倾角可帮助转向轮自动回正到中间位置。

2. 主销内倾角

在汽车横向平面内主销轴线与铅垂线的夹角即为主销内倾角，如图 4-9 所示。

主销内倾角有以下两个作用。

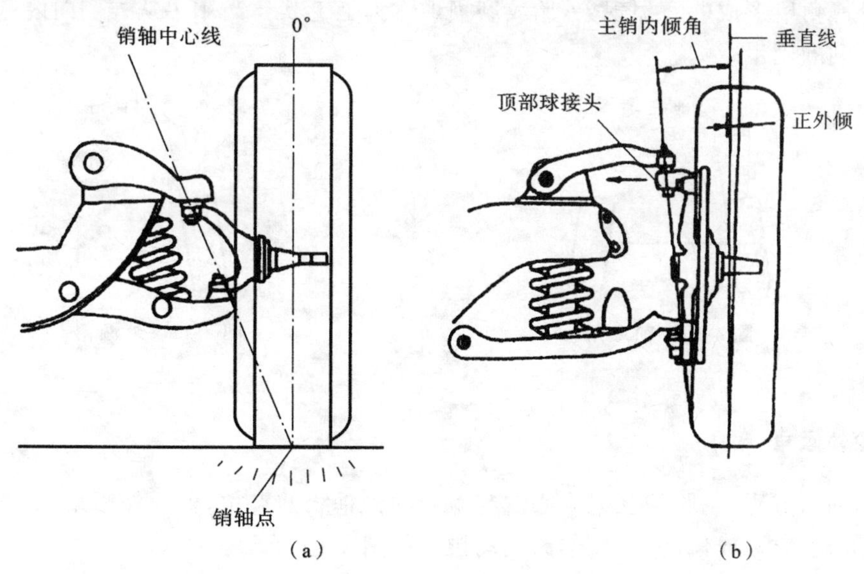

图 4-9　主销内倾角

(a) 销轴中心线；(b) 主销内倾角

（1）帮助转向轮自动回正。

前轮是围绕着主销旋转的，而主销是向内倾斜的。

主销内倾使转向节距地面高度降低，距地面更近，重力作用使车辆高度被降低，转向轮在转向时沿着倾斜的主销做弧线运动，就和门围绕歪斜的门轴做弧线运动一样，随着转向角和主销内侧倾角加大，轮胎外侧逐步加大对路面的压力。汽车在松软的路面上转向时，主销内倾角越大，转向角越大，转向轮外侧压入地下越多，在松软的路面上转弯时，前轮的外侧部分需陷入地下才可能实现转向。汽车在柏油路面、水泥路面行驶时，地面比轮胎更为坚硬，轮胎不可能陷入地下，于是在地面反作用力下，转向轮连同它所承载的汽车前部都要抬起一个相应的高度，才能实现转向。

（2）使转向轻便。

由于前轴重心在主销的轴线上，主销内倾角使两交点（即主销轴线延长线与路面的交点和车轮中心线与地面的交点）距离减小，力臂的减小使转向变轻。主销轴线的延长线距车轮的中心线过近容易使转向发飘。所以传统的后轮驱动汽车主销轴线的延长线大都设计在距车轮中心线 40～60 mm 处，而 20 世纪 70 年代以后开发的前轮驱动汽车由于技术上的改进，主销内倾角变大，行驶稳定性也很好。

3. 前轮前束角

前轮前束角是从汽车正上方向下看，轮胎的几何中心线与汽车的纵向线之间的夹角，如图 4-10 所示。

前束角的作用是消除外倾角所产生的轮胎侧滑。

当正前束角太大时，轮胎外侧会有由正外倾角所形成的磨损现象，胎纹磨损形式为羽毛状。当用手从内侧向外侧抚摸时，胎纹外缘有锐利的刺手感觉。当负前束角太大时，轮胎内侧会有由负外倾角所形成的磨损现象，胎纹磨损形式为羽毛状。当用手从外侧向内侧抚摸时，胎纹外缘有锐利的刺手感觉。

图 4-10　前束角　　**图 4-11　外倾角**

4. 前轮外倾角

从汽车的前方看，轮胎的几何中心线与地面的铅垂线的夹角，称为外倾角。轮胎的上缘偏向内侧（靠近发动机）或偏向外侧（偏离发动机），如图 4-11 所示。

轮胎中心线与铅垂线重合时的夹角称为零外倾角，其作用是防止轮胎发生不均匀的磨损。轮胎中心线在铅垂线外侧时的夹角称为正外倾角，其作用主要是降低作用于转向节上的载荷，防止车轮滑落，防止载荷产生的不需要的外倾角及减小转向操纵力。轮胎中心线在铅垂线内侧时的夹角称为负外倾角，其作用是，使内外侧滚动半径近似相等，使轮胎的内外侧磨损均匀，还可以提高车身的横向稳定性。

5. 转向梯形

车辆转弯时，内侧的车轮被迫沿着比外侧车轮要小的弧线前进。如果两侧转向臂互相平行，那么转弯时两前轮也将保持平行，轮胎会滑移。而设计好由前轴、梯形臂、横拉杆构成的转向梯形，可使汽车在转向时两前轮产生不同的转向角，通常内侧车轮转向角要比外侧车轮的要大 1°～3°，两前轮沿着各自的弧线滚动，从而消除了轮胎的滑动，如图 4-12 所示。

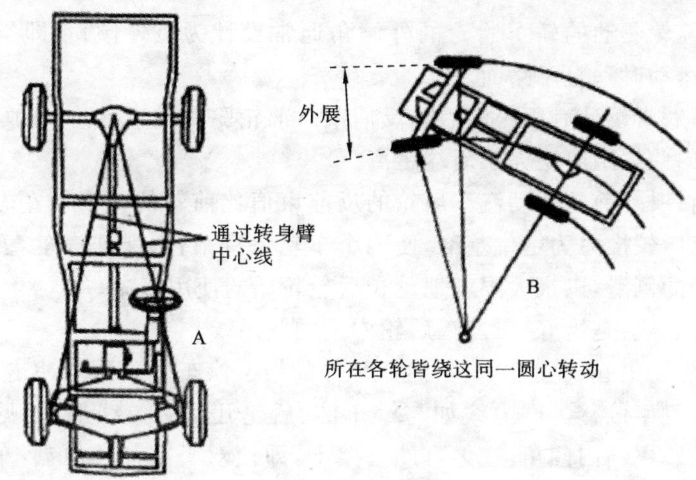

图 4-12　转向梯形

转向时所有车轮运动轨迹的向心线都应相交于一点，此点称为转向心。横拉杆位于前轴后端的等腰梯形称为正方梯形，横拉杆位于前轴前端的等腰梯形称为反梯形，两者在作用上没有区别。

转向梯形又称转向外展，由于两只梯形臂都设计成直线行驶时两侧车轮角度相同，保持两侧车轮平行，因此无论是向左或向右转向，由于内侧轮形成比外侧的大 1°～3°的转角，使转向中的前轮形成负前束，且转向角越大，负前束值也越大，转向时的负前束比后桥中的差速器更有利于转向平稳。

6. 转向不足

在试转半径时，转向盘转到止端，并保持不动，节气门开度稳定，车轮的转弯半径保持不变，似乎是理所当然的事，但实际上转向不足的汽车（又称为平稳转向，大部分汽车都是这种设计的），转弯半径随着旋转的圈数增加，会逐渐加大，这是前、后轮胎侧偏角不同引起的。由于后轮侧偏角小于前轮的侧偏角，在连续做转弯半径测试时，后轮达不到前轮行进方向而变慢，所以转弯半径逐渐加大，出现转向不足。转向不足的好处是当驾驶员转向时，即使实际转向低于自己的设想，也容易修正过来。

7. 转向负前束(转向前展)

转向负前束是指转向时内侧车轮相对外侧车轮的角度差。转向系的结构使车轮角度随转向角度变化而变化，该角度的变化由转向梯形保证。因此，负前束不正确，将加剧轮胎磨损，并会出现转向噪声及转向跑偏的现象。

知识五 后轮定位

1. 与后轮定位相关的概念及作用

后轮外倾角：前轮驱动的轿车后轮的外倾角通常设计为负外倾角，即空载时后轮向内倾斜，承载后或举升运动时垂直于路面。

前轮驱动轿车通常设计有很小的后轮反前束。前轮驱动汽车行驶中的驱动力使后轮心轴受向后的力，后轮的前端距离略大于后端距离。

与后轮外倾角一样，前轮驱动汽车后轮的反前束值比前轮的大1倍左右。后轮前束主要为了使前后车轮以后轮推力为定位基准，使四个车轮保持平行，保证汽车直线行驶的稳定性。减少后轮在行驶中的侧滑，以最大限度地延长后轮轮胎的使用寿命。

车辆的几何中心线：是恰好穿过前、后轮中央的假想线。

推力线：是与后轮中心线成正90°角向前延伸的线。汽车受到猛烈冲击，或悬架衬套磨损松旷都会使推力线发生偏移。推力线如与汽车前、后轮几何中心线平行（见图4-13），再配合适当的主销后倾角和主销内倾角，在笔直的公路上，即使双手离开转向盘，车辆仍可以保持直线行驶。

后轴偏向：指后轴向一侧沿直线偏移，后轮推力线不再与几何中心线平行。

后轴偏向会造成推力线偏离几何中心线，如图4-14所示。推力线偏离几何中心线，不仅造成行驶跑偏，也会加重汽车转向轮胎的侧滑。

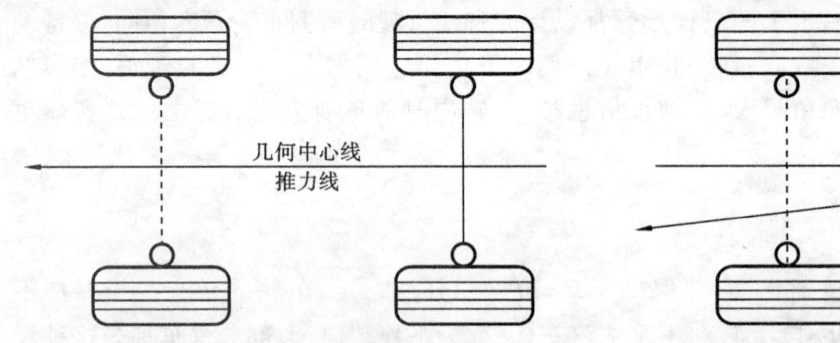

图4-13 后轴未发生偏向时中心线和推力线

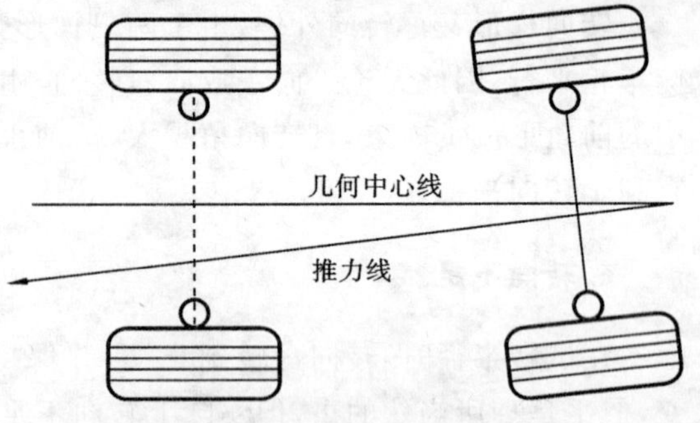

图4-14 后轴偏向造成推力线偏离了几何中心线

2. 后轮定位

设置后轮定位可削弱后轴偏向、偏迹的问题，在正常行驶和转向时，保持正确的后轮外倾角和后轮前束是非常重要的。如出现轮胎畸形磨损，特别是出现后轮胎冠偏磨损（后轮外倾角不对），后轮胎肩处出现锯齿形磨损（后轮前束严重超差），以及后轮悬架发生早期磨损时都应做四轮定位。

设置后轮前束的最主要目的是使后轮推力线和几何中心线重合，设置后轮外倾角最主要的目的就是改善转向的稳定性。

知识六　前轮定位与后轮定位的区别

若汽车只做前轮定位（又称二轮定位），在定位基准上就可能发生偏差，因为前轮定位是以几何中心线，即两前轮和两后轮之间的中心线为定位基准，而不是以后轮推力线为定位基准的。一旦后轮定位角发生偏差，后轮推力线就会与几何中心线发生偏离，形成推力角，无法保证直线行驶时四个车轮处于平行状态。在直线行驶时，前轮必然脱离定位基准而难以保证行驶的直线性。

四轮定位和前轮定位的最大区别是在定位基准的选定上。做四轮定位时，以后轮推力线为车轮定位基准线，后轮推力线是后轮总前束角的中心线，该基准线由后轮定位角决定。做四轮定位时，先检测和调整后轮定位角。如果后轮定位角不对，而后轮定位在设计上又是可以调整的，则需要换那些变形了的零部件，即负责车轮定位的悬架上的部件，常见的是摆臂、减振器及导向装置。在后轮定位调整完后，后轮推力线和几何中心线重合，再以该参考线为基准，对每一个前轮进行测量调整，这可以保证四个车轮在直线上行驶时处于平行状态，转向系处于几何中心，满足车辆在设计时的动力学条件，达到车辆在设计时的性能要求。

知识拓展

拓展　四轮定位服务的种类

1. 高级四轮定位

调整四轮定位角使四个轮子互相平行且垂直地面。首先根据车子几何中心线调整后轮。部分车型的后轮前束不能调整，因此无法提供高级四轮定位维修服务。

2. 补偿四轮定位

补偿四轮定位又称推进线定位，必须根据后轮前束或推进线来调整前轮定位，使前后轮互相平行。推进线角是左、右后轮前束角度差值的一半。对于后轮前束不能调整的车，必须提供补偿四轮定位维修服务，不能只做前轮定位服务。

3. 前轮定位

仅调整前轮定位角，而不去考虑后轮定位角的前轮定位，会造成直行时转向盘不正的现象。

任务二

四轮定位仪应用

任务描述

四轮定位是汽车行驶系统的重要参数，四轮定位参数不正常或出现偏差，会对车辆的安全行驶造成很大影响。

任务目标

(1) 熟悉汽车四轮定位仪的操作及应用。
(2) 了解汽车四轮定位参数的调整。

任务分析

(1) 熟悉汽车四轮定位仪的操作及应用。
(2) 了解汽车四轮定位参数的调整。

任务实施

实施一 任务准备

整车、四轮定位仪。

实施二　任务实施

操作步骤如下。

(1) 车开上举升机之前,先检查转向盘的销子是否销好(见图 4-15)。

目的:防止损坏转向盘内的传感器;防止车身滑动。

图 4-15　销好转向盘锁销

图 4-16　停好车辆

(2) 应尽量将车停在转向盘和后滑板的中心上(见图 4-16)。

目的:防止前轮 20°转向测量时对转向机构有附加阻力。

(3) 将车在举升机上停正后,先检查一下胎压是否正常。

目的:胎压不正确会使车身倾斜。

(4) 安装卡具,核对卡具尺寸是否和钢圈尺寸一致,并检查卡具的安装是否松垮、偏斜,确认钩子钩在同一胎痕里,如图 4-17 所示。

目的:防止卡具给测量附加一个角度。

(5) 取下转向盘和后滑板的固定销钉,按压、振动前后车身,使前后悬挂系统松弛、复原。

目的:测量时能得到车悬挂的真实值。

(6) 将举升机升到最低锁孔位置(或调车位置),保证工作面水平。

目的:传感器在不同的水平面测出的数值不同,应在水平面上检测车辆。

(7) 锁上刹车锁(见图 4-18)。

目的:防止在转向测量时,车轮发生转动引起传感器随之转动,影响测量结果。

图 4-17　安装卡具

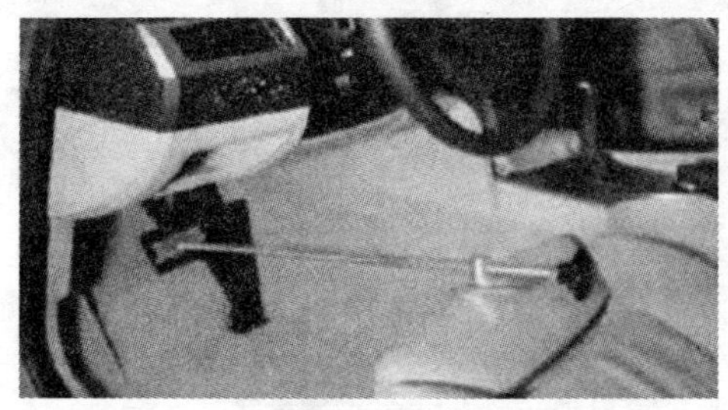

图 4-18　锁上刹车

检测和定位的几大步骤：

- 车辆就位（vehicle preparation）；
- 调整前检测（before adjustment measurement）；
- 定位调整（vehicle adjustment）；
- 调整后检测（after adjustment measurement）；
- 打印报表（print report）；
- 结束（end）。

特别提示

车轮角的调整顺序如下。

●顺序：先调整后轴再调整前轴。对于单个轴，先调整主销后倾角和外倾角，再调整前束。

●原因：调整主销后倾角时会使前束发生变化，而调整前束时不会影响主销角和外倾角。

实施三 任务检测

（1）简述四轮定位的操作步骤。

（2）简述四轮定位参数检测和定位的程序。

实施四　任务评价

任务评价表

班级：　　　　　　　　　　　组别：　　　　　　　　　　　姓名：

项目	评价内容 (请在对应条目的○内打"√"或"×",不能确定的条目不填,可以在小组评价时让本组同学讨论并写出结论)	评价等级(学生自评)		
		A 全部为√	B 有一至三个×	C 有多于三个×
关键能力自评	○按时到场　学习期间不使用手机、不玩游戏○ ○工装齐备　未经老师批准不中途离场○ ○书、本、笔齐全　无违规操作○ ○不追逐打闹　无早退○ ○接受任务分配　先擦净手再填写工作页○ ○不干扰他人工作			
	○工作服保持干净　无安全事故发生○ ○私人物品妥善保管　使用后保持工具整齐干净○ ○工作地面无脏污　能及时纠正他人危险作业○ ○工作台始终整洁　废弃物主动放入相应回收箱○ ○无浪费现象　未损坏工具、量具及设备○ ○参与了实际操作			
	○课前有主动预习　本小组工作任务能按时完成○ ○与本组同学关系融洽　主动回答老师提问○ ○积极参与小组讨论　能独立规范操作○ ○接受组长任务分配　能主动帮助其他同学○ ○能独立查阅资料　不戴饰物,发型合规○ ○工装穿戴符合要求			
专业能力自评	○能按时完成工作任务　能独立完成工作页○ ○工量具选用准确　没有失手坠落物品○ ○无不规范操作　指出过他人的不规范操作○ ○完成学习任务不超时　暂时无任务时不无所事事○ ○学习资料携带齐备　工作质量合格无返工○			
小组评语及建议	他(她)做到了： 他(她)的不足： 给他(她)的建议：	组长签名： 年　月　日		
教师评价及建议		评价等级： 教师签名： 年　月　日		

相关知识

知识一　四轮定位角度的调整

1. 四轮定位角度调整的方法

正确地调整车轮定位角，使它们都在设计要求的范围内，既解决了角度之间的矛盾，又保证了汽车驾驶的稳定性、舒适性，从而达到安全行车的目的。

许多现代汽车在下控制臂上调整主销后倾角和车轮外倾角，通常是靠旋转下控制臂转轴上的偏心凸轮来调整的。所以在定位的时候，只要一边转凸动轮，一边观察显示器上数据的变化就可以了。而在双横臂悬架的汽车中，主销后倾角和四轮外倾角的调整，是在上控制臂安装螺栓与车架之间加减垫片来实现的。

2. 四轮定位调整程序

(1) 测试前准备工作。

① 将汽车行驶到举升机上，使前轮正好位于转角盘(备选)中心。车停稳后，拉紧手刹以确保车辆不能移动，以及确保人员安全。车驶入前，用锁紧销将转角盘(备选)锁紧，防止其转动；汽车驶入后，松开锁紧销。

② 询问车主关于车辆有关行驶方面的问题和出现的现象，以及过去四轮定位的检测情况，并了解汽车的生产国家、生产厂家、车款、车型及出厂年代等有关情况。

③ 检查底盘各零部件，包括胶套、轴承、摆臂、三脚架球头、减振器、拉杆球头和方向盘是否有松动及磨损，检查轮胎气压和轮胎规格以及两前轮花纹是否相同，两后轮花纹深浅是否一致。

④ 将轮夹安装在四个车轮上，并旋转手柄以锁紧轮夹。根据实际情况将卡爪固定在轮辋外圈或内圈，卡爪深浅应一致，并尽量避免卡在变形比较大的区域。

⑤ 将探杆安装在轮夹的定位销上，如图 4-19 所示(图示为右前轮的连接方法)。

⑥ 调节探杆，使水平仪气泡处于中间位置，以保证传感器探杆处于水平状态。

⑦ 将四轮定位仪的电源插头插入标准的三端电源插座中，并打开机柜电源，启动电脑。

⑧ 将方向盘固定架放在驾驶座座椅上，压下手把使之顶住方向盘以锁定方向盘。

⑨ 将刹车板固定架下端顶在制动踏板上，上端卡在座椅上撑紧，以使车辆固定。

(2) 用二次举升器举起汽车(见图 4-20)，检查横直拉杆各球头是否松旷，上下摆臂胶套有无裂纹、松旷，搬动轮胎，看看轴承是否太松旷。这些零件如有损坏，必须先更换再定位。

接下来检查制动管是否漏油，制动碟(片)的磨损程度，制动盘是否旋转自如。制动盘、制动碟(片)太薄，都要先行更换。

以上检查项目完成，才可以做四轮定位调整。

注意：配合定位的举升机要调整水平，应使用专用水准仪检查举升机的水平，而不是用水

图 4-19　右前轮轮夹安装

图 4-20　举升车辆

平尺或水管检查，如图 4-21 所示。

(3) 程序操作流程。

启动电脑，直接进入测量程序主界面。主界面显示有 7 项功能，即常规检测、快速检测、附加检测、系统管理、报表打印、帮助系统、退出系统，如图 4-22 所示。

① 常规检测。

在主界面下，单击"常规检测"图标进入测量界面。

② 车型选择。

在做四轮定位之前，必须先选择该车型的标准数据，界面如图 4-23 所示。

[下一步]：能够使整个测量过程按照系统的默认顺序(车型选择→偏心补偿→主销测量→

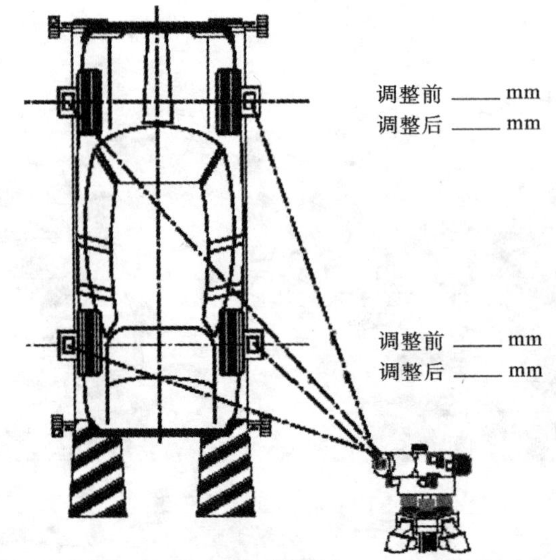

图 4-21 举升机水平调整

图 4-22 四轮定位仪程序主界面

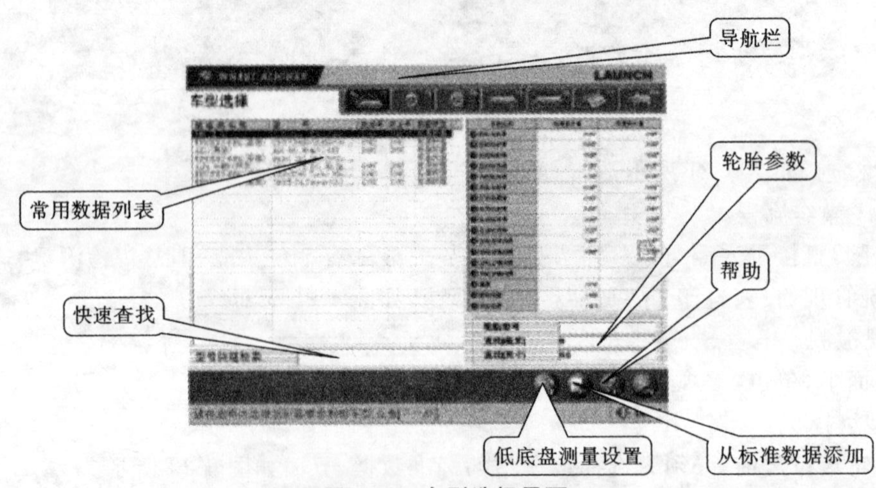

图 4-23 车型选择界面

后轴测量→前轴测量→报表打印)进行操作。

[导航栏]:可以使您不按照系统的默认顺序进行操作,而直接进入要测试的项目。

[常用数据列表]:如果您是第一次使用,此列表是空的,必须先将车型数据从标准数据库里加到此列表中才可以使用。

[快速查找]:界面下方提供了针对车型型号快速检索的输入框,对于中文只需输入汉字拼音的首字母即可进行检索,对于英文则输入英文名称的首字母即可进行检索。

[从标准数据添加]:可以将标准数据库里的车型添加到常用数据列表中,此功能与[系统管理]→[常用数据管理]→[从标准数据添加]的功能相同。

[轮胎参数]:当前束单位用毫米或英寸(在[系统管理]→[系统设置]可以设置前束单位)表示时,必须输入当前车辆的轮胎直径。

[低底盘测量设置]:碰到低底盘车测量时,可以使用此设置进行探杆端部智能降位测量,以解决测量低底盘车时传感器经常被挡的问题,此设置在重新选择车型或退出测量系统时会自动复位。

注意:探杆降位后,测量时水平调整要以电子水平为准。

[帮助]:当前界面的操作及注意事项说明。

操作步骤:

在[常用数据列表]内选择相应的车型条目,然后单击"下一步"按钮。

注意事项:

- 当系统前束用长度单位制的时候,在该界面的右下角处需要先输入汽车的轮胎直径,否则无法进入下一步的操作。
- 当前提供的表格与[系统管理]界面内[常用数据管理]是同一个表格,可以直接把系统自带的标准数据添加到该表中,单击"从标准数据添加"按钮即可。如果标准数据库中没有需要测试的车型,需要手工添加自定义的数据,在[系统管理]→[标准数据管理]界面内添加,其中表格内的"轴距""前轮轮距"和"后轮轮距"均使用毫米为单位。

③ 特殊测量。

根据选择车型数据的不同,可能会出现一些特殊的测量方法及操作步骤,如下所示。

a. 本系统针对部分奔驰车型的检测,提供使用坡度计来测量标准数据的操作。当选择数据为某些奔驰车型时,系统会弹出图4-24所示的对话框。

提示操作员是否有坡度计可用于标准数据的检测。如果有,请选择"是",出现车辆水平测量的界面,如图4-25所示;如果没有,则选择"否",直接由系统导入数据库内的标准数据。

[调车帮助]:提供了当前型号奔驰车的坡度计使用方法,操作员可参考帮助界面内的操作方法进行汽车调测。

操作步骤:

根据[调车帮助]界面的提示,先用坡度计完成对四个车轮悬架的水平测量,然后将坡度计连接到电脑主机上,系统会根据坡度计测量所得的各个水平值来确定当前车型的标准数据。

b. 当选择一些特殊的车型(如BMW 3 SERIES)时,会进入[汽车配重]界面,如图4-26所示。

按照界面所示的要求,在汽车座位和行李箱上放置对应重量的沙袋,并按要求装置油箱的油量,完成后单击"下一步"按钮。

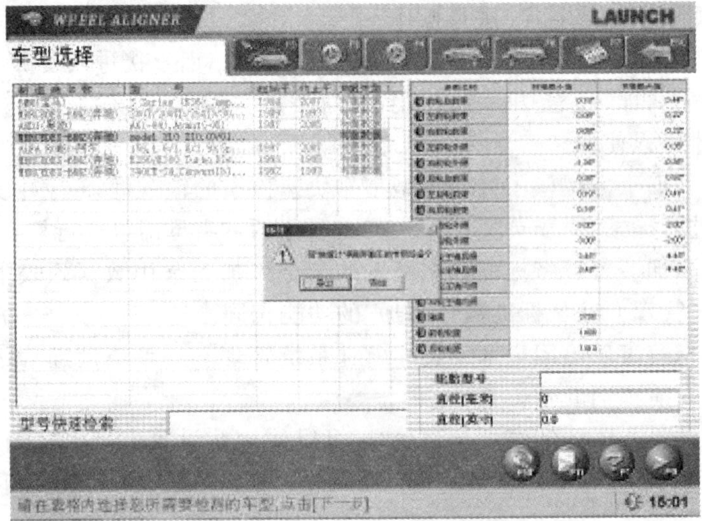

图 4-24 选择特殊车型数据时的对话框

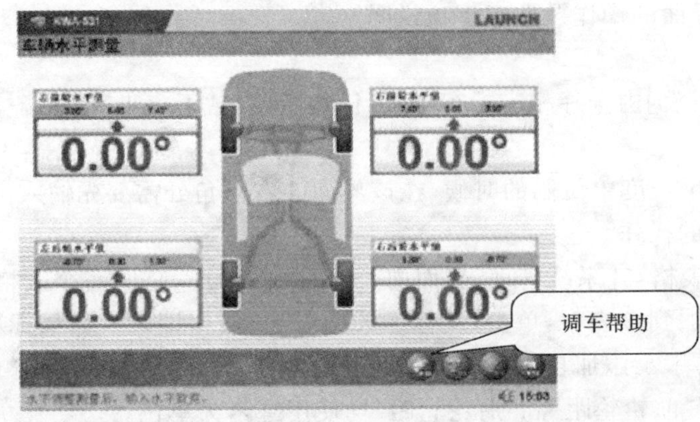

图 4-25 车辆水平测量界面

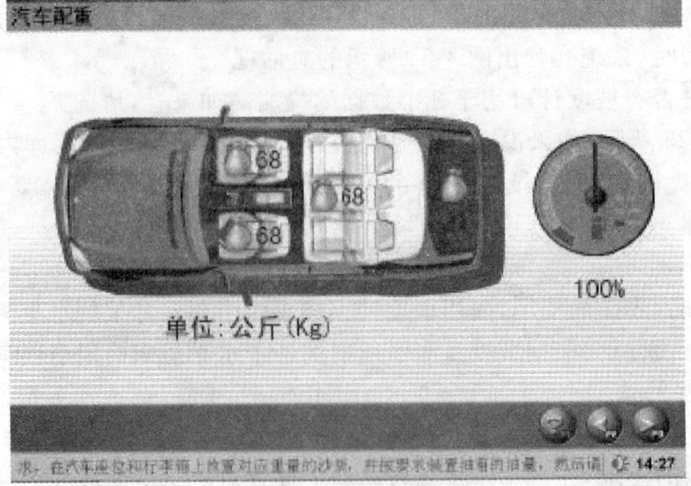

图 4-26 汽车配重界面

c. 当选择一些特殊的车型(如 BMW 3 SERIES)时,会进入[车身高度测量]界面,如图4-27所示,此界面提供了一个车身高度测量系统的操作平台,以便检查车身高度是否合乎原厂设计要求。

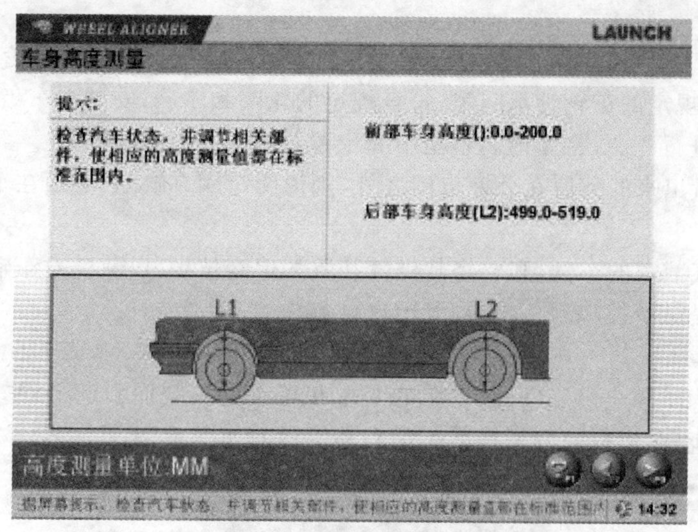

图 4-27　车身高度测量界面

操作方法:

根据界面下方的图片提示,分别用测量尺测量出前后左右的车身高度值,看是否在标准范围内,如果不在标准范围内,请检查汽车状态,并调节相关部件,使相应的高度测量值都在标准范围内,完成后单击“下一步”按钮。

d. 当选择一些特殊的车型(如 RENAULT MEGANE II)时,会进入[非独立悬架测量]界面,如图 4-28 所示,此界面提供了一个非独立悬架测量系统的操作平台,以便根据车身的当前状态来确定其标准数据。

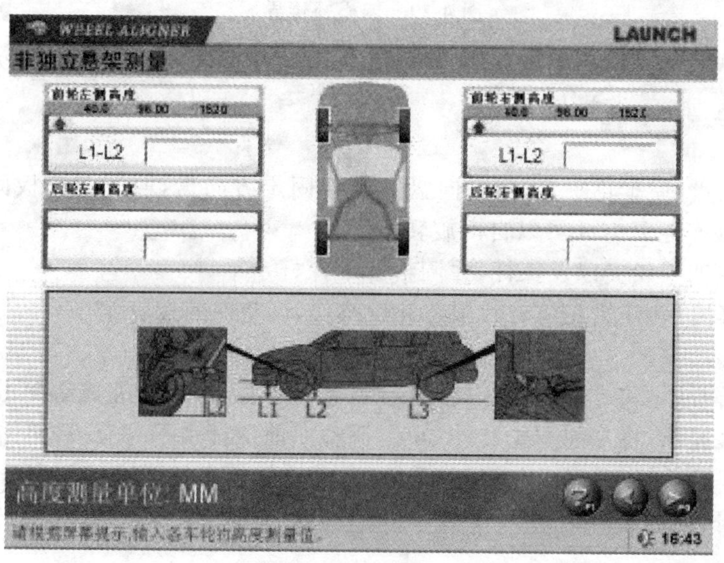

图 4-28　非独立悬架测量界面

操作方法：

根据屏幕下方的图片提示，分别用测量尺或特殊测量工具测量出前后左右的车身高度值，然后将车身高度值分别输入到对应的输入框内，完成后单击“下一步”按钮。

注意事项：

- 进行“车身高度测量”和“非独立悬架测量”的检验条件：符合规定的轮胎气压；良好均匀的轮胎花纹；符合规定的车轮轴承间隙；符合规定的轮圈和轮胎；安装刹车板固定架；按照正常行驶情况对全车进行配载，将座椅调整至中间位置，并将油箱加满油。
- 如果所测量出来的数值在公差范围之外，则说明车辆有缺陷，必须在车身高度测量前加以排除。
- 如果是空气减震的车辆，则要将其供气装置的保险拉出，以免其对车辆进行上下调整。
- 本设备不提供沙袋和测高仪器，请用户自备。

④ 偏心补偿。

偏心补偿是为了减小由于钢圈、轮胎的变形和轮夹的安装而引起的误差。建议每次测量时都选择该操作步骤，以提高测量精度。偏心补偿界面如图 4-29 所示。

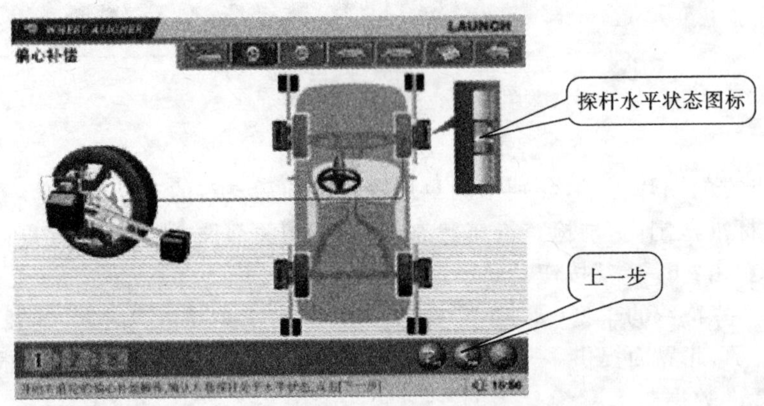

图 4-29 偏心补偿界面

[探杆水平状态图标]：当前探杆的水平状态，绿色代表水平，红色代表不水平。

[上一步]：返回上一步操作。

操作步骤：

a. 转动方向盘，使车轮平直，用方向盘固定架固定方向盘，取下刹车板固定架，然后用举升机举起车身，使车轮悬空并可以自由旋转。

b. 分别安装四个轮夹以及探杆，并调整各个探杆水平。

c. 根据屏幕提示，开始左前轮的偏心补偿操作，调整左前探杆水平，完成后单击“下一步”按钮。

d. 根据屏幕提示，将左前车轮旋转 180°，调整左前探杆水平，完成后单击“下一步”按钮。

e. 根据屏幕提示，将左前车轮旋转 360°，调整左前探杆水平，完成后单击“下一步”按钮。

f. 根据屏幕提示，分别完成右前、右后、左后车轮的偏心补偿。

g. 放下车身，使四轮着地，晃动车身，使车轮紧贴地面，偏心补偿操作完毕。

注意事项：

- 做偏心补偿前，一定要按照要求将方向盘固定死，以免做偏心补偿时轮胎左右摆动，造成偏心补偿不准。

● 做偏心补偿时需要转动车胎，各个探杆都需要保持相对静止且水平（若操作过程中探杆不水平，则系统无法进行下一步操作，直到探杆调整水平）。

● 在有些车的左右轮胎连动（即在左轮胎转动时，右轮胎会跟着转动）的情况下，做偏心补偿。转动左（右）轮胎时，一定要把左（右）轮胎用双手把住，并且把住轮胎时双手用力要均衡，以免使轮胎发生左右摆动的现象，造成偏心补偿不准。同时要看探杆是否水平，如果不水平，则需要转动轮胎来调整探杆的水平，此时一定不能松动探杆来调水平。

● 若举升机上的二次举升机能同时举起前后轴，则做偏心补偿时应同时把前后轴举起进行操作；若举升机上的二次举升机每次只能举起单个轴，则在做前轮偏心补偿时单独把前轴举起，做后轮偏心补偿时再单独把后轴举起。

● 在[系统管理]→[系统设置]界面内可以设置 90°和 180°两种偏心补偿方式。其中 180°补偿为标准补偿方式，其精度高，补偿时需要前后探杆参照测量，而 90°偏心补偿精度相对低，每个探杆可以独立完成偏心补偿操作，不需要其他探杆的参照，在剪式举升机的二次举升挡住中部 CCD 传感器或其他原因导致CCD传感器不能正常工作时，可以选择这种补偿方式。

⑤ 主销测量。

主销测量是针对前轮而言的，包括主销内倾和主销后倾。主销内倾角可使车重平均分布在轴承之上，保护轴承不易受损，并使转向力平均，转向轻盈。主销后倾角的存在可使转向轴线与路面的交会点在轮胎接地点的前方，可利用路面对轮胎的阻力让汽车保持直进，界面如图 4-30 所示。

图 4-30　主销测量界面

操作步骤：

a. 方向盘调整至正前打直状态，即两前轮分前束相等，操作界面上的圆形小球会移动到中间位置并且由红色变成绿色，此时调整所有探杆水平。

b. 左偏转方向盘约 20°，到达指定位置后，小球再次由红色变成绿色。

c. 回正方向盘，并向右转动方向盘，直至向右偏转约 20°，到达指定位置后小球再次由红色变成绿色。

d. 检测完毕，回正方向盘，系统自动弹出测量结果，界面如图 4-31 所示。

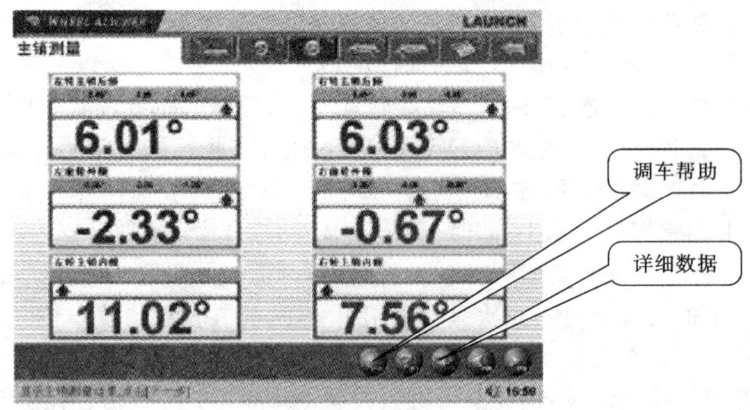

图 4-31 主销测量界面

[调车帮助]：只有部分车型提供此项功能。单击此按钮，可以弹出图 4-32 所示的[调车帮助]界面，调车帮助界面内罗列了各种车型的主销调节方法，操作员可参考帮助界面内的操作方法进行汽车主销调整。

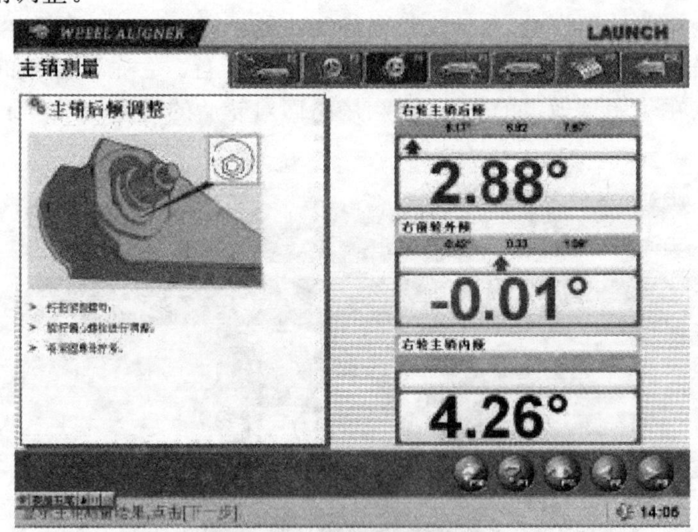

图 4-32 调车帮助界面

[测量结果详细数据]：此界面提供整个检测操作的结果输出，包括前、后轮各个参数的测量值，如图 4-33 所示。系统新增了图形格式的数据显示方式，单击“文字格式”按钮，可以将数据显示在传统的文字格式和新增的图形格式之间切换，图 4-34 所示的为图形格式。

注意事项：

● 做主销测量前，请先安装刹车板固定架，拉手刹，以确保车轮不会发生滚动，并去掉方向盘固定架。

● 在[系统设置]界面可以设置“主销转向操作”的转向角度，标准测量为转向“20°”测量，但在一些特殊情况下，转向角度达不到 20°时，可以选择转向“10°”测量。

● 在各测量界面，测量值用不同的颜色来表示。

◆ 绿色：测量值在标准范围内。

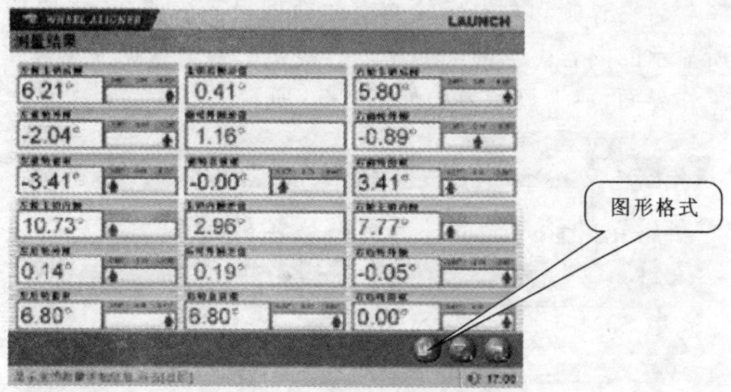

图 4-33 测量结果文字界面

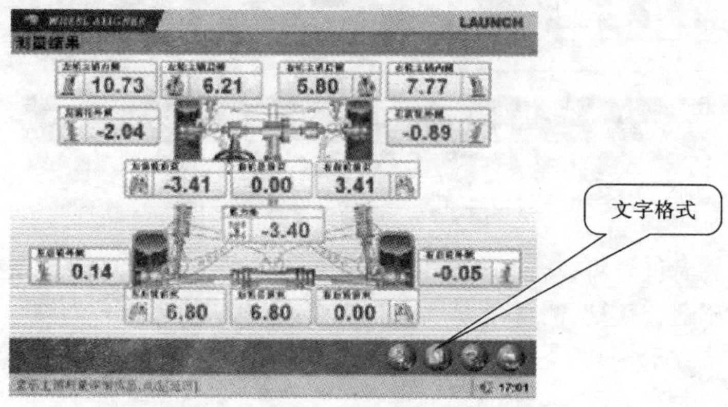

图 4-34 测量结果图形界面

◆ 红色：测量值在标准范围外。

◆ 蓝色：该测量参数没有标准范围。

⑥ 后轴测量。

提供有关后轴测量的实时结果，操作员可一边进行调整，一边将测量结果与参考数据进行对比，把汽车调整至最佳状态，如图 4-35 所示。

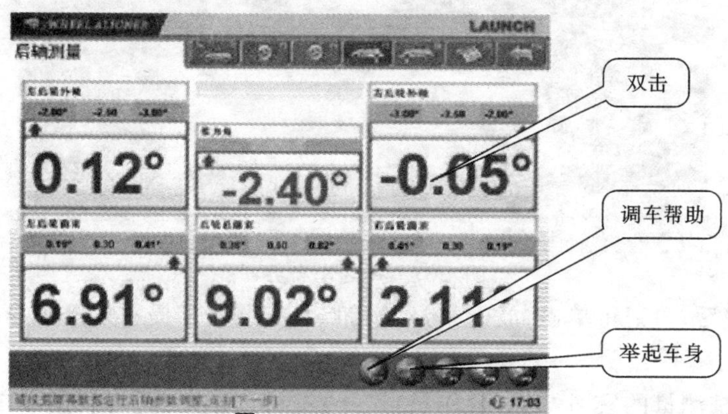

图 4-35 后轴测量界面

[双击]:双击左右后轮外倾和左右后轮前束的数据显示表格,相应的数据项将放大显示,便于远距离查看,所显示的内容由当前的测试内容决定。双击数据显示表格,或单击“返回”按钮,将返回至正常工作界面,放大显示界面如图 4-36 所示。

图 4-36 后轴测量界面

[举起车身]:有时可能需要将车辆抬起悬空,然后才能方便地对前后轮外倾角进行调整。在抬起车轮时,传感器会移动,测量角度值也会改变,这时请使用举升调整功能。单击“举起车身”按钮并按照屏幕提示,如图 4-37 所示,举起车身,软件会自动补偿传感器的偏移,以实现准确调整。

图 4-37 举起车身界面

注意:调整完后,请记得单击“放下车身”按钮,并按照屏幕提示放下车身。

⑦ 前轴测量。

提供有关前轴测量的实时结果,操作员可一边进行调整,一边将测量结果与参考数据进行对比,把汽车调整至最佳状态,如图 4-38 所示。

[双击]:双击左右前轮外倾和左右前轮前束的数据显示表格,相应的数据项将放大显示。

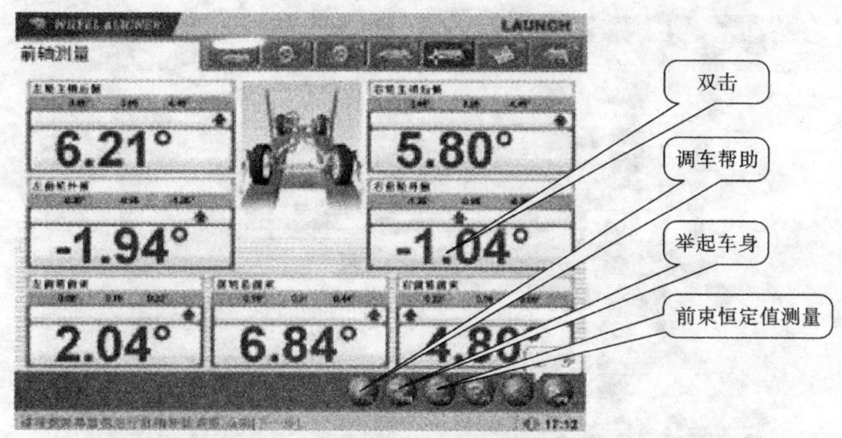

图 4-38　前轴测量界面

[调车帮助]:单击此按钮,可以弹出调车帮助界面,调车帮助界面内罗列了各种车型的不同调节方法,操作员可参考帮助界面内的操作方法进行汽车调整。

[举起车身]:有时可能需要将车辆抬起悬空,然后才能方便地对前后外倾角和后倾角进行调整。在抬起车轮时,传感器会移动,测量角度值也会改变,这时请使用举升调整功能,软件会自动补偿传感器的偏移,以实现准确调整。

注意:调整完后,单击"放下车身"按钮,并按照屏幕提示放下车身。

[前束恒定值测量]:提供了有关帕萨特、奥迪等车型的特殊测量方法,操作员必须先将此类车辆的前束恒定值调到标准范围内,然后才能正常地进行车辆的前轴测量。在"前束恒定值测量"被激活时,点击进入界面,如图 4-39 所示。

图 4-39　前束恒定值测量界面

按照屏幕提示,用配套的特殊测量工具将车身举起,然后单击"下一步"按钮,屏幕显示如图 4-40 所示。

屏幕显示的数值是"前束恒定值",如果某项不合格则需要调整,调整合格后单击"下一步"

图 4-40 车身举起界面

按钮，屏幕显示如图 4-41 所示。

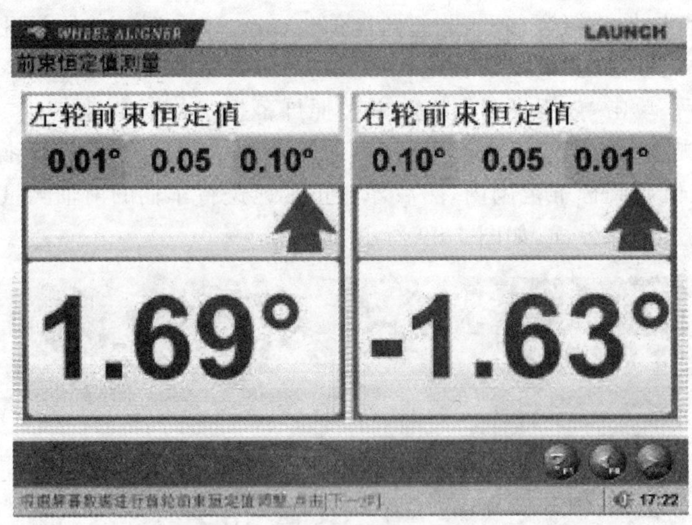

图 4-41 前束恒定值调整界面

放下车身，单击"下一步"按钮返回[前轴测量]界面。

⑧ 报表打印。

报表打印可以打印并储存当前车辆的定位数据，界面如图 4-42 所示。

[车牌号码]：当前车辆的车牌号码。

[客户信息]：当前车主的相关信息，包括客户名称、联系人、联系电话、地址。客户信息在此界面是不能直接用键盘输入的，必须单击客户名称后面的图标，进入[客户管理]界面才能选择相应的[客户信息]。如果[客户管理]里没有该客户的信息，必须先添加后才能选择。

[车辆信息]：当前车辆的相关信息，包括制造厂商、型号、起始年、终止年。车辆信息在此界面是不能直接用键盘输入的，如果在[常规检测]→[选择车型]界面中选择了汽车型号，则此界面会显示被选择的车型的相关信息，反之，不显示任何信息。

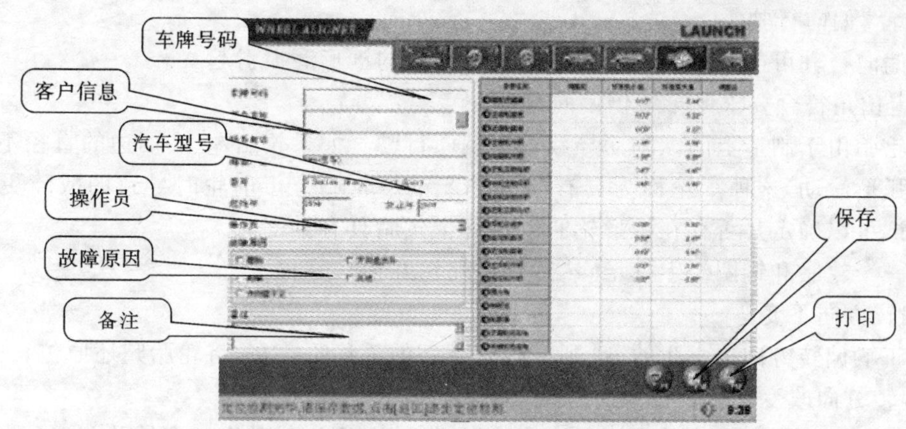

图 4-42　报表打印界面

[操作员]:当前操作的人员名称。只有填写了"维修站信息"的"操作员"一栏,这里才能选择相应的操作员。

[故障原因]:当前车辆的不良症状,包括磨胎、跑偏、方向盘不正、方向盘发抖、其他等 5 个选项。

[保存]:储存当前车辆的定位数据(必须输入车牌号码、客户名称及选择故障原因,才能成功存储)。

[打印]:以表格或图形的格式打印当前车辆的定位数据(报表的格式设置请参考[系统管理]→[报表设置])。

注意:此界面提供的打印功能,只是针对本次检测的单个信息报表,而主界面上的报表打印功能是针对所有以前做过并保存的信息报表。

知识二　怎样诊断车辆故障

很多时候,车辆在做完四轮定位之后,仍有这样或那样的毛病,但四轮定位仪显示所有角度都没有问题,原因何在?这就需要按照下面的诊断程序,找出问题所在,并加以排除。

1. 偏向行驶

这一过程的目的是排除定位角度正确时车辆仍然偏向行驶的故障。车辆行驶时左偏或右偏有几种可能的原因,以下过程将协助你确定并排除其根源。

(1) 启动发动机时转向盘突然转动。

如果启动发动机时转向盘突然朝某一方转动,通常表明转向助力系统控制阀门调整不当。调整阀门直至上述现象消失。

(2) 制动时车辆偏转。

如果车辆在制动时发生偏转,则可能是制动故障引起的。使用驻车制动方法确定故障范围,检查制动部件的温度,也有助于确定故障的部位,参考合适的维修资料以进行故障寻迹及维修操作。

(3) 持续偏向行驶。

持续偏向行驶可能由不合要求的定位角或轮胎的锥形磨损引起。

(4) 定位角符合要求但车辆仍偏向行驶。

有些轮胎由于制造上的缺陷而导致车辆偏向行驶。如果轮胎左、右两边的直径不同，将导致车轮做弧形滚动，这种车轮称为具有“锥度”。锥形轮胎位于前轮时导致的故障更为严重。下面的测试可以确定是否存在锥形轮胎以及哪个轮胎具有锥度。

给每一个轮胎和钢圈做上标记，然后将两前轮互换。

① 偏转方向不变

如果车辆偏转方向未发生改变，则“锥形轮胎”的毛病不存在，将轮胎归还原位。

② 偏转方向改变。

如果在互换两前轮后，偏向行驶的方向也随着改变，则说明其中一个轮胎有毛病，将前后两左轮相互交换，若故障排除，则说明现在位于左后轮的轮胎有问题，应予更换新轮胎；若故障仍然存在，交换前后两右轮，偏向消除，则说明现在位于右后轮的轮胎有问题，应更换新轮胎。

(5) 车辆左偏。

后倾角和外倾角可用来补偿一般情况下的偏向行驶故障。

如果车辆左偏，则增大右轮外倾角或减小左轮外倾角或同时改变两边的外倾角即可。所有外倾角和总外倾角都应在厂家建议的范围内。

(6) 车辆右偏。

如果车辆右偏，增大左轮外倾角或减小右轮外倾或同时改变两边的外倾角即可。所有外倾角和总外倾角都应在厂家建议的范围内。

(7) 定位角度未知或定位角不合要求。

调整定位角到厂家推荐的参考范围内。

(8) 变化偏向行驶。

偏向行驶时的偏转方向不断改变，说明转向系统有零件发生了形变。将转向盘从一个极端打向另一个极端，如果阻力变化不均匀，则表明有零件发生了变形，短促的响声也表明了零件位置不当或变形，悬架系统或转向系统的零件松弛会导致不稳定的方向偏转。应重新检查悬架系统和转向系统的零件，并加以更换。

2. 转向盘不正

当车辆在平直的路面上行驶时，如果不转动转向盘，车辆应沿正前方直线行驶；如果车辆朝某一方偏转，则车辆具有偏向行驶的故障，应先行排除才能纠正转向盘零位不正的毛病；如果车辆直线行驶，但转向盘不正，则是转向盘零位不正，有时候它是由于零件的损坏或安装不当引起的，通常情况下，转向盘零位不正是由于不正确的定位角引起的。

(1) 零件毛病。

某些车辆上的转向系统零件有可能安装不当，检查各零件的安装情况，包括车轴、转向盘及转向轴，通常零件上标有帮助准确安装的标记。

(2) 转向盘不正的调整。

在调整前轮定位时，如果前束正确，但是转向盘不正，如图 4-43 所示的转向盘偏左，则应先把转向盘向右打正，锁住。这时两轮的前束全变了，我们再转动两边的调整套，使左轮横拉

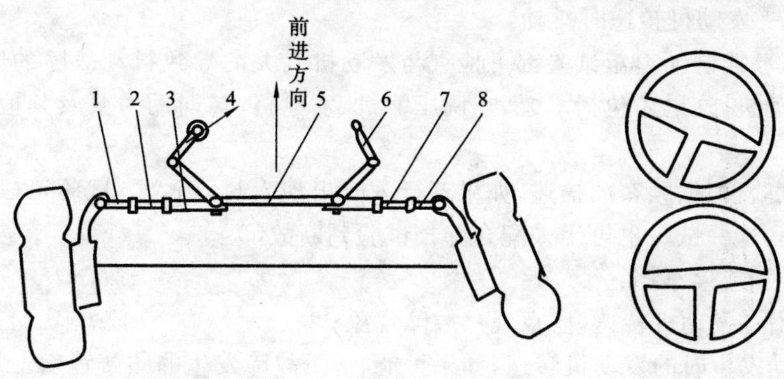

图 4-43　转向盘不正的调整 1

1—左球头；2—左调整套；3—横拉杆；4—转向节臂；5—拉杆；6—随动转向臂；7—右调整套；8—右球头

杆调长，把右轮横拉杆调短，使两轮前束重新恢复标准。当然，如果转向盘偏右，我们应先将转向盘向左打正，锁住。然后再旋转两边的调整套，使左边的横拉杆缩短，右边的横拉杆变长，使左右两边的车轮前束合乎标准。这是指横拉杆在前轮轴线后边的汽车而言。对于横拉杆布置在前桥轴线前边的汽车，两侧横拉杆伸长与缩短则相反。

传统的汽车车轮定位一般只检查前轮定位，但是后轮前束失准（见图 4-44），同样会造成轮胎偏磨或啃胎，而且还会造成跑偏和转向盘不正。因此，后轮前束的调整不容忽视。只要是后轮前束可以调整的汽车，应当首先调整好后轮前束，然后再调整前轮前束和其他角度。应选择"高级四轮定位"方法，这种定位将推进角设为相同。如果不想调整后轮前束或后轮前束不可调，则应选择"补偿四轮定位"方法，这种定位将调整前束来补偿不为零的推进角。

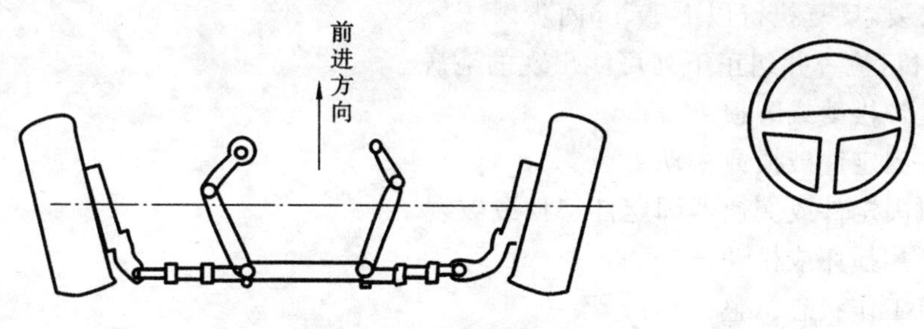

图 4-44　转向盘不正的调整 2

3. 转向盘抖动

本程序协助你确定和排除引起抖动故障的根源。基本方法是，将故障原因归结到下列三方面之一：制动故障、发动机故障（包括传动系统故障）和悬架系统故障，然后再进一步确定具体的根源。

抖动诊断：初步路试。

做行驶试验，检查抖动是否在某一方向或上下抖动，记录抖动时的发动机转速。同时检查行进制动和停止制动时抖动是否发生。

（1）只在制动时抖动。

如果抖动现象只在制动时出现，检查与制动有关的车轮上的制动鼓和制动盘的摆差，否则对所有车轮的摆差都进行检查。如果某一车轮摆差过大，告知顾客并获得许可才能进行修理。

(2) 只在某一发动机转速时抖动。

空挡加速试验或制动力矩试验都可检查与发动机有关的导致抖动故障的原因(注意:"发动机"不仅指发动机,这里还包括水泵、空调压缩机、发电机、转向助力泵及其他由发动机驱动的部件)。

空挡加速试验:根据顾客的描述,如果不行驶时出现发抖,则这一试验可以用来确定抖动时的发动机转速,这一试验也可用来配合降挡试验判断故障。

置车辆于空挡或停车挡:

① 缓慢地增加发动机转速,注意观察故障现象;

② 记下抖动发生时的发动机转速,如果可能,记下故障发生的频繁程度。

*当心:在制动状态下加速不能超过 15 s,以免发动机或变速机构过热,各种车辆在制动状态下所许可的最高发动机转速各不相同,应该注意,这种测试有时可能会引发一些不曾存在的故障,且不适于手动变速的车辆。

*制动力矩试验,测试前应保证发动机和变速器的固定是牢固可靠的。

这一测试用来确诊随发动机转速变化而变化的抖动故障,这种测试还可检测随发动机载荷和转矩变化而变化的抖动故障。

测试步骤如下。

① 固定前轮。

② 将车辆置于行驶挡,同时使用驻车制动和行车制动。

③ 缓慢地增加发动机转速,注意观察故障现象。

④ 记下抖动发生时的发动机转速,如果可能,记下故障发生的频繁程度。

⑤ 如有必要,反复执行以上②、③两步。

关掉发动机,检查并纠正下列可能出现的毛病。

① 传动皮带松动或磨损。

② 配件的固定件破损或松动。

③ 发动机固定件或变速器固定件磨损或破裂。

④ 风扇叶片损坏或松动。

⑤ 发动机工作状态调整。

(3) 只在某一行驶速度时抖动。

*慢加速试验,这一试验的目的是确定与速度有关的故障,对故障做更为详细确切的诊断,做进一步的试验。

① 在平坦的路面上缓慢地将车速增加到高速。

② 注意观察症状。

③ 记下症状出现的车辆速度及发动机转速。

如果有可能,记下症状出现的频繁程度,然后进行降挡试验和空挡滑行试验。

*空挡滑行试验。

① 在平坦的路面上,加速至略高于抖动发生时的速度。

② 将变速控制杆调至分离位置(空挡),主车辆滑行,直至速度降至低于抖动出现的速度为止。

注意观察抖动现象是否出现,如果空挡滑行时抖动仍出现,则问题肯定与速度相关,至此发动机或转矩传动机构导致故障的可能性已排除。

(4) 空挡滑行抖动。

开始之前应检查并纠正下列故障：

① 轮胎不平衡；

② 径向和轴向的轮胎摆差；

③ 车轴和轮盘的摆差。

扭距传动系统检查：

① 检查扭矩传动系统是否平衡；

② 检查是否有磨损或松动的接点，轴承、传动轴角度是否正确，根据制造厂家的资料进行维修。

(5) 空挡滑行时不抖动。

① 在平坦的路面上将车辆加速到出现故障时的速度，记下发动机转速。

② 小心将速度控制杆移至下一速度挡。

③ 将发动机转速调至刚才的读数，如果当转速回到刚才的读数时抖动重新出现，则问题一般是由发动机或传动系统引起的，你可将速度换至更低的挡位(甚至空挡)，以证实你的判断。某些情况下，抖动现象对发动机载荷和一定的发动机转速很敏感。

4. 轮胎异常磨损

导致轮胎非正常磨损的原因很多，因而确切地找出真正的原因非常困难，通常有以下几种情况。

(1) 下列原因之一易引起内侧磨损：

① 负值前束；

② 负值外倾角；

③ 路面中部隆起；

④ 锥形轮胎；

⑤ 钢圈规格错误。

(2) 下列原因之一易引起的外侧磨损：

① 前束过大；

② 外倾角过大；

③ 路面中部隆起；

④ 大幅度转弯过多；

⑤ 大量的城内行驶；

⑥ 锥形轮胎；

⑦ 钢圈规格错误。

(3) 下列原因之一易引起的凹陷或侧壁磨损：

① 气压不足时做大幅度转弯；

② 气压非常低(低于正常气压的 25%)；

③ 轮胎与车辆部件相互摩擦；

④ 停车时轮胎与路边护石相摩擦。

(4) 下列原因之一易引起的内外侧均磨损：

① 气压太低；

② 弯曲道路上高速行驶；

③ 超载。

(5) 中央磨损。

一般来说，唯一的原因是胎压过高，但是，钢圈宽度与轮胎不符也可产生类似的现象。

(6) 羽状磨损。

横向羽状磨损，是下列原因之一引起的：

① 前束不正确；

② 大幅度转弯；

③ 锥形轮胎；

④ 纵向羽状磨损，极有可能由急剧加速或制动造成的。

(7) 凹陷或局部光凸。

可能由下列一个或多个原因引起：

① 轮胎平衡不良；

② 减振系统性能不良(减振器、减振柱)；

③ 轮胎不圆；

④ 悬架系统零件松动；

⑤ 轮胎的使用状况与设计要求不相吻合。

知识拓展

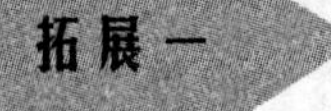

拓展一　四轮定位失准对轮胎磨损的影响

四轮定位失准会造成轮胎异常磨损，甚至提前报废。它还会使油耗增加，动力下降。更危险的是，它会造成转向发飘、发抖、汽车跑偏，给行车安全造成隐患。

我们常常看到轮胎单边磨损，这主要是轮胎外倾角失准造成的。正外倾角过大会偏磨轮胎外缘，即形成外侧胎肩。负外倾角过大会偏磨轮胎里缘，即形成内侧胎肩。正前束过大也会偏磨轮胎外缘；负前束过大会偏磨里缘，并成羽毛状。

我们经常能看到轮胎成片状磨损，胎面成波浪状，局部一块一块剥落，这主要是后轮前束失准造成的。还有的时候，轮毂或车轴变形，弯曲、偏心、轴承松旷使车轮转动时出现周期性的振动，也会使轮胎磨损成多边形。

研究证明，在相同的时间里，前束失准比外倾角失准使轮胎磨损得要快，而且外倾角不当磨损的是轮胎冠的一侧，而前束不当造成的磨损是遍布整个轮胎胎面成锯齿状的损坏。这证明前束失准造成轮胎滚动的摩擦比地面相对滑动摩擦更严重。

拓展二　四轮定位调整的社会效益

北京海华轮胎公司王加中先生写了一本书，名叫《汽车轮胎选用手册》，对汽车轮胎的非正常损坏阐述得很详细。书中说，日本东洋株式会社的苫野浩幸工程师在我国从南向北的报废轮胎进行了一次系统调查，发现真正因年久损坏的轮胎只占 25.9%，其余 74.1%的轮胎，除去部分气压过高或过低，意外损伤导致报废外，非正常使用也是重要原因。

截止 2000 年末，我国汽车保有量为 1450 万辆，如果每辆车每年跑 3 万公里，轮胎寿命按 6 万公里计算，一辆车一年要换 2 条胎，全国要换 2900 万条胎。如果只有 25 .9 %的轮胎正常报废，则是 751 万条，其余 2149 万条万轮胎均达不到里程就提前报废，如果按每条胎 400 元计算，就是21.5亿元，真不是个小数目。

书中还提到 1986 年日本全国实施 94 次轮胎路检，共有 15228 辆车接受检查，结果显示轮胎不良占 16.4%。其中胎纹深度不足占 11.5% ，异常磨损占 3.5%，气压不当占 1.3%。我国汽车保有量 1450 万辆，如果我国汽车的轮胎与日本相似 ，发生轮胎异常磨损的车辆也占 3.5%，则是 50.75 万辆，就是说有 203 万条胎处在非正常磨损状态。

这两组数据都说明车轮定位失准，造成轮胎异常磨损，会带来多么巨大的经济损失。更可怕的是，轮胎异常磨损时，由于局部胎壁过薄，常常造成在高速行车中突然爆胎，酿成事故。据高速公路管理部门统计，爆胎已经成为高速公路上的头号杀手。四轮定位失准造成发抖、跑偏、发飘，也容易引发行车事故。我国每年行车事故造成的人民性命和财产损失比起轮胎磨损所造成的损失来说，恐怕还要大。四轮定位检测与调整的社会效益显而易见。

项目小结

本项目主要介绍了汽车四轮定位仪的结构及其应用，对四轮定位的定义、意义及其重要性，以及汽车四轮定位参数的检测与调整。

综合测试

一、选择题

1. 汽车前轮的外倾角可通过(　　)调整。

A. 前桥　　B. 锁紧板　　C. 平面轴承　　D. 避震器支架

2. 小型车前轮前束的测量部位是在前轮轮胎的(　　)。

A. 内侧　　B. 中间　　C. 外侧　　D. 钢圈

3. 前轮前束值是指测量轮胎前后同一个点的距离，它是(　　)。

A. 前值减后值　　B. 后值减前值　　C. 前值加后值　　D. 前值加后值的一半

4. 前轮定位包括主销内倾、主销后倾、(　　)和前轮前束四个要素。

A. 前轮外倾　　B. 前轮内倾　　C. 后轮外倾　　D. 后轮内倾

5. 主销(　　)与(　　)之间的夹角称为主销内倾角。

A. 内侧、外侧　　B. 轴线、外侧　　C. 轴线、垂线　　D. 垂线、内侧

6. 主销的后倾角过大会造成(　　)。

A. 转向轻便　　B. 转向跑偏　　C. 转向沉重　　D. 转向不稳

7. 主销内倾角的作用除了使转向操纵轻便外,另一作用是(　　)。

A. 车轮自动回正　　B. 减少轮胎磨损

C. 减少车轮行驶跑偏　　D. 提高车轮工作的安全性

8. 在主销的纵向垂直平面内,主销(　　)与(　　)之间的夹角称为主销后倾角。

A. 内侧、外侧　　B. 轴线、外侧　　C. 轴线、垂线　　D. 垂线、内侧

9. 主销的内倾角过大会造成(　　)。

A. 转向轻便　　B. 转向跑偏　　C. 转向沉重　　D. 转向不稳

10. 主销后倾角的作用除了保持汽车直线行驶外,另一作用是(　　)。

A. 防止行驶跑偏　　B. 减少轮胎磨损

C. 形成车轮回正的稳定力矩　　D. 提高车轮工作的安全性

11. 车轮(　　)平面与纵向(　　)平面之间的夹角称为前轮外倾角。

A. 旋转、水平　　B. 旋转、垂直　　C. 外、水平　　D. 外、垂直

12. 前轮前束的作用是(　　)。

A. 减轻或消除因前轮外倾所造成的不良后果　　B. 车轮自动回正

C. 减少轮胎磨损　　D. 形成车轮回正的稳定力矩

13. 主销后倾角越大,车速越高,稳定力矩就越(　　),车轮偏转后回正的能力也越(　　)。

A. 大、强　　B. 小、强　　C. 大、弱　　D. 小、弱

14. 前轮前束可通过改变(　　)来调整。

A. 转向轮角度　　B. 转向纵拉杆长度

C. 转向横拉杆长度　　D. 梯形臂位置

15. 前轮外倾角的作用除了转向操纵轻便外,另一作用是(　　)。

A. 提高前轮工作安全性　　B. 车轮自动回正

C. 减少行驶阻力　　D. 形成车轮回正的稳定力矩

16. 一般主销后倾角不超过(　　),但有时也可为负值。

A. 2°～3°　　B. 3°～5°　　C. 7°～8°　　D. 10°～12°

17. 一汽奥迪100型轿车的主销内倾角为(　　)。

A. 5°　　B. 7.2°　　C. 9°　　D. 14.2°

18. 主销(　　)与(　　)之间的夹角称为主销内倾角。

A. 内侧、外侧　　B. 轴线、外侧　　C. 轴线、垂线　　D. 垂线、内侧

19. 上海桑塔纳轿车的外倾角为(　　)。

A. 1°±20′　　B. 0°±20′　　C. －30′　　D. －1°±20′

20. 上海桑塔纳轿车的前轮前束为(　　)。

A. 5～10 mm　　B. 1～3 mm　　C. －1～＋1 mm　　D. －3～－1 mm

二、判断题

1. 主销后倾角可通过改变前轴上表面前后的倾斜程度来调整。　　(　　)

2. 前束的测量部位应在略低于轮胎水平中心线处。（　）
3. 前轴弯曲会影响前轮定位，但扭曲时不会影响。（　）
4. 前轮前束是指轮胎后测量值减去轮胎前测量值，所以前束一定是正的。（　）
5. 用水准仪检测车轮外倾角，当车轮在直线状态下时可以不在其下放置转盘测出外倾角。（　）
6. 整体式转向桥的主销内倾角是在制造前轴时将销孔轴线向内倾斜而获得的。（　）
7. 主销后倾角一般是将前轴连同悬架安装到车架上时，使前轴向后倾斜而形成的。（　）
8. 主销后倾角不可能小于0°，出现负值。（　）
9. 前轮外倾角是由转向节的结构确定的，设计时使转向节轴颈的轴线与水平面成一角度。（　）
10. 前轮外倾角一般在1°左右，但有些车辆也可为负值。（　）
11. 桑塔纳轿车前束为负值是为了与负前轮外倾角相配合。（　）
12. 主销内倾角必须小于8°。（　）
13. 主销后倾角的回正作用与车速几乎无关。（　）
14. 车轮外倾角过大将造成轮胎偏磨。（　）
15. 前轮前束的作用是使车轮自动回正。（　）
16. 主销内倾角过大会导致转向沉重，加速轮胎磨损。（　）
17. 主销后倾角越大，车速越高，稳定力矩就越小，车轮偏转后回正的能力也越弱。（　）
18. 主销内倾角的车轮自动回正作用与车速密切相关。（　）
19. 前轮外倾角的作用除了提高前轮工作安全性外，另一作用是使车轮自动回正。（　）